Hendrik Talkner

Business Intelligence mit Power BI

ETL Prozesse, Datenmodellierung und Dashboarding für fortgeschrittene User

FSC
www.fsc.org
MIX
Papier aus ver-
antwortungsvollen
Quellen
Paper from
responsible sources
FSC® C105338

Wichtiger Hinweis
Alle Angaben in diesem Buch wurden vom Autor mit größter Sorgfalt erarbeitet und zusammengestellt. Trotzdem sind Fehler nicht ganz auszuschließen. Der Verlag und der Autor sehen sich deshalb gezwungen, darauf hinzuweisen, dass sie weder eine Garantie noch die juristische Verantwortung oder irgendeine Haftung für Folgen, die auf fehlerhafte Angaben zurückgehen, übernehmen können. Für die Mitteilung etwaiger Fehler sind Verlag und Autoren jederzeit dankbar.
Internetadressen oder Versionsnummern stellen den bei Redaktionsschluss verfügbaren Informationsstand dar. Verlag und Autor übernehmen keinerlei Verantwortung oder Haftung für Veränderungen, die sich aus nicht von Ihnen zu vertretenden Umständen ergeben.
Evtl. beigefügte oder zum Download angebotene Dateien und Informationen dienen ausschließlich der nicht gewerblichen Nutzung. Eine gewerbliche Nutzung ist nur mit Zustimmung des Lizenzinhabers möglich.

Bibliografische Information der Deutschen Nationalbibliothek:
Die Deutsche Nationalbibliothek verzeichnet diese Publikation in der Deutschen Nationalbibliografie;
detaillierte bibliografische Daten sind im Internet über http://dnb.dnb.de abrufbar.

© 2019 Hendrik Talkner

Verlag: BoD · Books on Demand GmbH, Überseering 33, 22297 Hamburg, bod@bod.de
Druck: Libri Plureos GmbH, Friedensallee 273, 22763 Hamburg

ISBN: 978-3-7504-2900-0

Inhaltsverzeichnis

1 Vorwort

1.1 Über dieses Buch

Liebe Leser,
ich freue mich sehr, dass Sie sich zum Kauf dieses Buches entschieden haben.

Da es in diesem Buch inhaltlich um eher fortgeschrittene Themen geht, gehe ich davon aus, dass Sie entweder mein bereits erschienenes Buch „Business Intelligence mit Power BI – Der Einstieg in die Self Service BI Welt – Schritt für Schritt" gelesen haben, oder aber im Umgang mit Power BI bereits über Grundwissen verfügen und dieses nun mit Hilfe dieses Buches ausbauen möchten.

In jedem Fall sollten Sie bereits wissen, um was es sich bei Power BI handelt und die grundlegende Funktionalität und Möglichkeiten kennen, weshalb ich mir im Gegensatz zu meinem ersten Buch ein umfangreiches allgemeines Einführungskapitel spare und hier direkt mit dem anwendbaren Inhalt starten werde.

Die Datenquellen, auf die im Laufe des Buches zugegriffen werden, können alle über eine Dropbox heruntergeladen werden. Die Anleitung und den Link hierzu finden Sie auf der letzten Seite dieses Buches unter dem Schlusswort. Ebenso finden Sie bei den Dateien die fertigen Power BI Desktop Dateien zum Download, die ich für dieses Buch erstellt habe (in welche Sie natürlich nur im Notfall einen Blick werfen müssen).

Sollten Sie Probleme mit dem Download haben, senden Sie mir nur eine kurze Mail an die unten aufgeführte Adresse und ich sende Ihnen die Dateien per Mail zu.

Ich empfehle, dieses Buch nicht einfach nur zu lesen, der Mehrwert für Sie wäre sicher nicht besonders groß. Sie sollten parallel zum Durchlesen dieses Buches die BI Umgebungen selbst nachzubauen und bei den etwas komplizierteren Stellen ein wenig über die Formeln nachdenken, bis Sie das Verhalten wirklich durchblickt haben. Ich denke, dass so die besten Lernfortschritte erzielt werden.

Und nun wünsche ich Ihnen viel Spaß beim Lesen und Durcharbeiten dieses Buches.

Bei Fragen, Anregungen, Hinweisen oder Ähnliches können Sie mich gerne unter folgender Mailadresse kontaktieren:

Info-pbi-buch@gmx.de

1.2 Aufbau des Buches

Beim Erstellen von Power BI Inhalten werden die folgenden Prozessschritte stets durchlaufen. Wobei es nicht zwangsläufig so ist, dass sie nacheinander durchlaufen werden müssen. Es ist völlig normal, zwischen den Schritten hin und her zu wechseln, wenn später festgestellt wird, dass am vorigen Schritt noch eine Änderung vorgenommen werden sollte.

1. Es werden Daten von einer Datenquelle angezapft und in eine brauchbare Form umgewandelt (ETL Prozess).

2. Es wird ein Datenmodell aufgebaut und Berechnungen werden durchgeführt. Man könnte auch sagen, es werden Fragen an die Daten gestellt, die man mit Berechnungslogiken beantwortet (Datenmodellierung).

3. Das Datenmodell wird visualisiert und den Reportkonsumenten zur Verfügung gestellt (Reporting, Dashboarding).

Diese drei Punkte werden Sie jedes Mal durchlaufen, wenn Sie mit Power BI arbeiten. Jeder einzelne Punkt kann dabei einfach zu lösen sein oder aber auch komplex und anspruchsvoll sein und auch sehr unterschiedlich von der Herangehensweise her.
Deshalb habe ich mir überlegt, für dieses Buch 3 für die Praxis gut anwendbare und brauchbare Szenarien vorzustellen und diese mit Ihnen zusammen aufbaue. Ein Szenario ist immer unterteilt in die Schritte „ETL Prozess" und „Datenmodellierung & Reporting". Die Prozessschritte Datenmodellierung und Reporting habe ich zusammengefasst, da man doch sehr häufig zwischen den beiden Themen hin und herspringen muss.
Sowohl die Datenquellen als auch die fertigen Power BI Desktop Dateien stehen Ihnen in der oben angegebenen Dropbox zur Verfügung. Ich empfehle jedoch, die Datenmodelle selbst anhand des Buches aufzubauen und nur für den Fall, dass Ihnen etwas nicht gelingt, in die fertigen Dateien zu schauen.
Noch ein Hinweis zu den Screenshots. Mir ist bewusst, dass die Screenshots an der ein oder anderen Stelle etwas klein wirken. Es kommt mir jedoch nicht darauf an, dass man jedes Schriftzeichen auf dem Screenshot lesen kann, sondern darauf, dass Sie mit Hilfe meiner Pfeile und Rechtecke, die ich den Screenshots hinzufüge, schnell sehen können, wo auf Ihrem Bildschirm Sie ihren Fokus hinlenken sollten.
Da dieses Buch auf Fortgeschrittenen Niveau einzuordnen ist, werde ich beim Durchgehen der Szenarien nicht ständig auf die Basics eingehen. Es ist nicht einfach, hier einen guten Mittelweg zu finden, da es einerseits kein Zwang sein soll, mein erstes Buch zu kaufen und durchzuarbeiten, andererseits soll der Personenkreis, die mein erstes Buch gekauft und durchgearbeitet hat nicht das Gefühl bekommen, hier auf recycelte Inhalte zu stoßen. Deshalb wird es lediglich im ersten Szenario (neben vielen neuen Themen) ein paar wenige

grundlegende Punkte geben, die bereits in meinem vorigen Buch behandelt wurden und im Schnelldurchlauf wiederholt werden.

Im Folgenden werde ich noch kurz etwas ausführlicher erläutern, was man unter den einzelnen 3 Prozessschritten (ETL, Datenmodellierung und Reporting / Dashboarding) versteht.

1.3   ETL Prozess

Die Abkürzung **ETL** steht ausgeschrieben für:
Extract
Transform
Load
Power BI enthält mit Power Query (Abfrageeditor) ein sehr mächtigste ETL Tool. Es ermöglicht Daten aus nahezu beliebiger Quelle anzuzapfen (extract), umzuformen (transform) und in das Power BI Datenmodell zu laden (load).
Power Query ist meiner Ansicht nach so mächtig, da man einen komplexen ETL Prozess, der bisher von Programmierprofis mit beispielsweise VBA und SQL Lösungen konzipiert und programmiert wurde, nun per Mausklick und ohne Programmierkenntnisse selbst umsetzen kann.
Dies ist nicht immer trivial und Datenbank und Programmierkenntnisse sind trotzdem hilfreich und führen dazu, schneller an die gewünschte Lösung des Problems zu kommen, aber dennoch sind sie in den meisten Fällen nicht notwendig. Hinter Power Query steckt die Programmiersprache „M".
Extract:
Es besteht die Möglichkeit, in einem Datenmodell unterschiedliche Quelldaten anzuzapfen, also zum Beispiel Exceldateien, Textdateien, PDF Dateien, SQL Datenbanken, Internetseiten, Sharepoints usw. und diese in einem Datenmodell zu vereinen. Die Schnittstelle zu den einzelnen Datenquellentypen stehen in Power Query zur Verfügung und müssen lediglich ausgewählt werden.
Transform:
In diesem Schritt werden die angezapften Daten weiterverarbeitet, um Sie für die spätere Verwendung im Datenmodell brauchbar zu machen. Dies kann zum Beispiel das Filtern von Daten umfassen, das Entfernen von Spalten, Änderung von Datentypen, Zusammenführen von Abfragen oder das Gruppieren von Datensätzen. Ebenso kann man hierzu auch das Ersetzen von Werten oder das Hinzufügen von Spalten zählen. Auf alle diese Möglichkeiten werden wir im Laufe des Buches detailliert eingehen.
Load:
Nachdem die Daten angezapft und für unsere Zwecke transformiert wurden, werden Sie in das Power BI Datenmodell geladen und können dort weiterverarbeitet werden. Dies ist im

10

Falle von Power Query in Verbindung mit Power BI recht unkompliziert, da das Laden der Daten einfach per Knopfdruck geschieht.

1.4 Datenmodellierung

An dieser Stelle verfügt das Datenmodell innerhalb von Power BI über wahrscheinlich mehrere für sich stehende Tabellen aus unterschiedlichen Datenquellen, die losgelöst voneinander Daten beinhalten. Im Sinne der Power BI Datenmodellierung werden diese Tabellen, dort wo es Sinn macht miteinander verknüpft, um komplexere, weiterführende Berechnungen mit DAX zu ermöglichen. Die Berechnungen werden in berechneten Spalten, Tabellen und Measures durchgeführt. Ich rede gerne davon, dass hier Fragen an die Daten gestellt werden. Zum Beispiel hat man eine Tabelle, die Datensätze enthält, aus denen Umsätze nach Kunden hervorgehen. In einer weiteren Tabelle befinden sich Datensätze, aus denen hervorgeht, welcher Vertriebsmitarbeiter für welchen Kunden verantwortlich ist. Hier könnte man nun die Frage an die Daten richten: „Für wie viel % des gesamten Umsatzes im Jahr 2018 war Herr Müller verantwortlich?". Um die Frage zu beantworten, müssen die einzelnen Tabellen miteinander in Beziehung gesetzt werden und ein Measure wird mit einer Berechnungslogik versehen, die genau die Frage beantwortet, die gestellt wurde.

1.5 Reporting /Dashboarding

Hierbei geht es darum, die durchgeführten Berechnungen und das erstellte Datenmodell so zu visualisieren und für den Reportkonsumenten einfach verständlich und mehrwertbringend aufzubereiten. Ein fertiger Report soll möglichst interaktiv gestaltet sein und intuitiv zu bedienen sein und die Fragen, die der Konsument an die Daten stellen würde, beantworten können. Auch die Frage nach der Aktualisierung der Berichte und deren Bereitstellung und Zugriffsberechtigungen zähle ich zu diesen Punkt. Hochladen in Power BI Online, Aktualisierung und Berechtigungen werden in diesem Buch jedoch nicht thematisiert, dieses Thema habe ich abschließend in meinem ersten Buch behandelt. Ein Szenario endet in diesem Buch stets an der Stelle, an der der Bericht fertig gestellt ist und zum Hochladen in Power BI Online bereit ist.

2   Szenario 1 - Umsatzauswertung

2.1   Einleitung

Das erste Szenario dient dem Einstieg. Hier bauen wir nochmal eine ähnliche Umgebung wie in meinem zuvor erschienenen Buch auf. Im direkten Vergleich werden wir jedoch ein paar Punkte auf einfachere Art und Weise lösen und zudem bereits ein paar weiterführende Techniken anwenden.

Ziel dieses Szenarios ist es, aus der uns vorliegenden Datenquelle ein professionell aufbereitetes Umsatzdashboard zu kreieren, aus welchem hervorgeht, in welchen Ländern sich welche Produkte des Unternehmens wie gut verkaufen.

Als Datenquelle dient das öffentlich zugängliche Northwind Dataset, welches Sie im Ordner Szenario 1 der Dropbox finden. Bei der Datenquelle handelt es sich um eine Exceldatei mit mehreren Tabellenreitern. Laden Sie am besten jetzt die Datenquellen auf Ihren PC lokal herunter (falls noch nicht geschehen). Ist dies geschehen erstellen Sie bitte eine neue Power BI Desktop Datei für das erste Szenario.

Hinweis zu den herunterladbaren Power BI Desktop Dateien.

In den Power BI Dateien sind Verbindungen zu den Datengrundlagen hinterlegt. Im Fall der Beispieldateien handelt es sich um Exceldateien, die auf meinem persönlichen Rechner gespeichert sind. Damit Sie vernünftig mit den Power BI Dateien arbeiten können, ist es notwendig, den Pfad dieser Datengrundlagen anzupassen auf den Pfad, wo Sie die Dateien auf Ihrem Rechner gespeichert haben. Dies ist sehr einfach. Nachdem Sie eine Power BI Datei geöffnet haben, klicken Sie im Menüband „Home" auf „Abfragen bearbeiten". Dadurch gelangen Sie in Power Query.

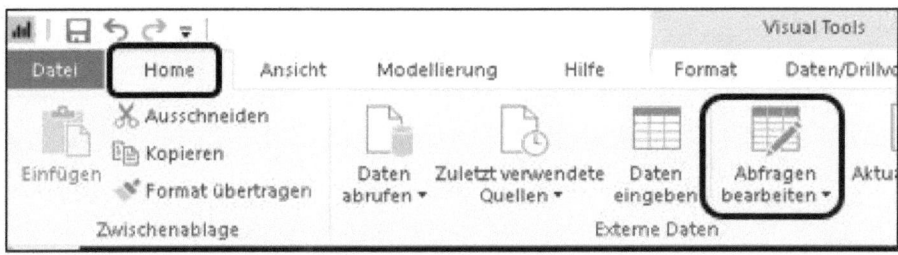

In Power Query angelangt klicken Sie im Menüband „Home" auf „Datenquelleneinstellungen".

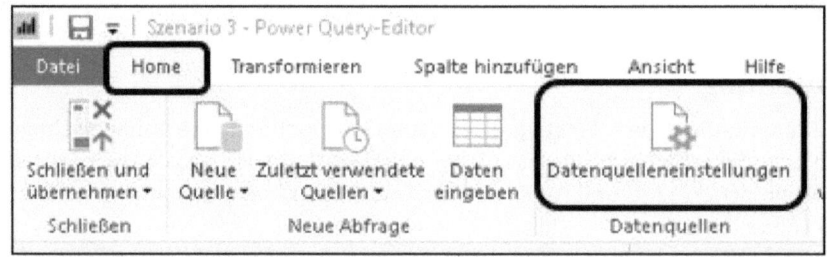

Im Fenster, welches als nächstes auftaucht, sehen Sie in der Mitte alle Datenquellen aufgelistet, die diese Power BI Datei enthält. Sie müssen lediglich unten links auf „Quelle ändern" klicken und dort den Pfad auswählen, wo Sie die entsprechende Datei abgelegt haben, mit „OK" bestätigen und dann „Schließen" betätigen.

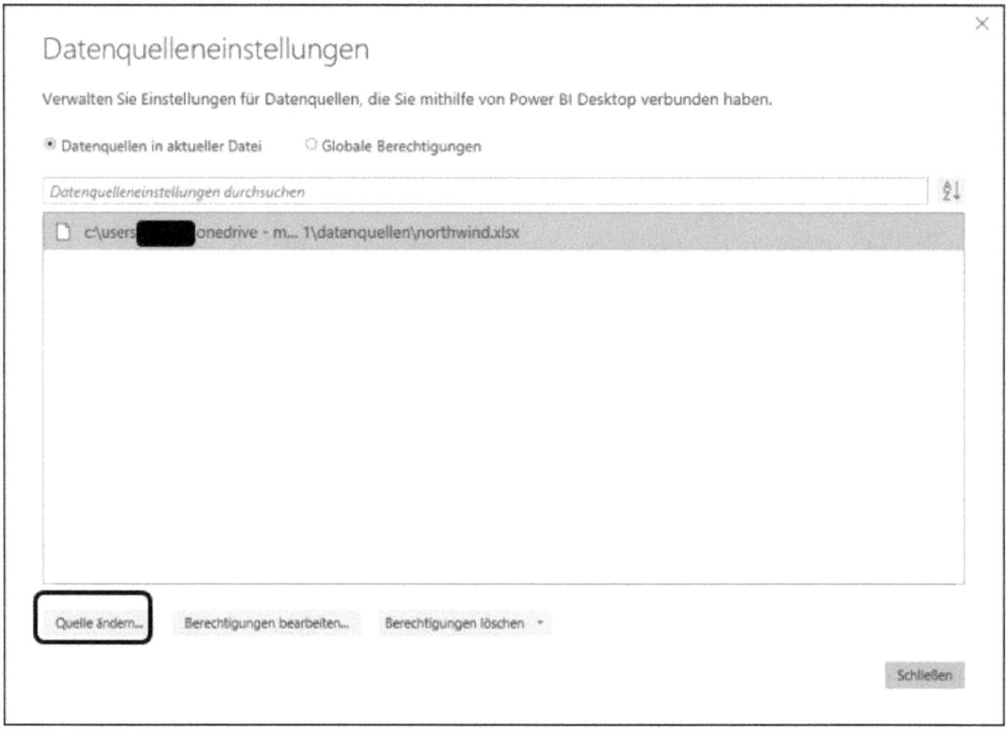

Datenquelleneinstellungen

Verwalten Sie Einstellungen für Datenquellen, die Sie mithilfe von Power BI Desktop verbunden haben.

⦿ Datenquellen in aktueller Datei   ◯ Globale Berechtigungen

Datenquelleneinstellungen durchsuchen

☐ c:\users███████onedrive - m... 1\datenquellen\northwind.xlsx

Quelle ändern...   Berechtigungen bearbeiten...   Berechtigungen löschen ▾

Schließen

2.2 ETL Prozess

2.2.1 Einzelne Datei abfragen

Als Datengrundlage haben wir in diesem Fall eine Exceldatei mit mehreren Tabellenreitern. Wir werden für jeden Tabellenreiter eine separate Abfrage erstellen und die Daten nach unseren Bedürfnissen bereinigen und anreichern. Öffnen Sie dafür bitte in Power BI den Abfrageeditor (Power Query) indem Sie auf „Daten abrufen" gehen und im Anschluss „Excel" auswählen.

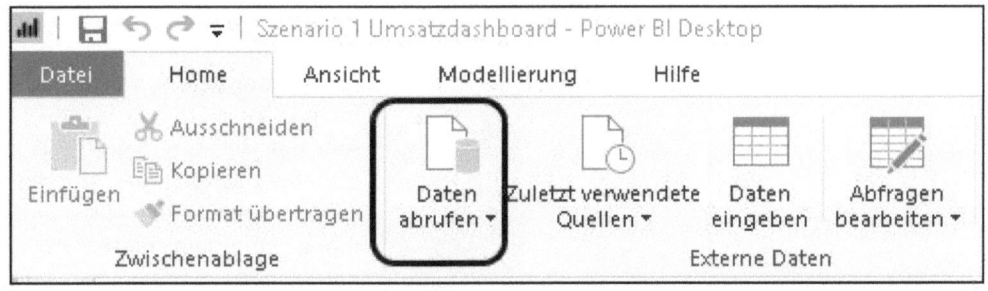

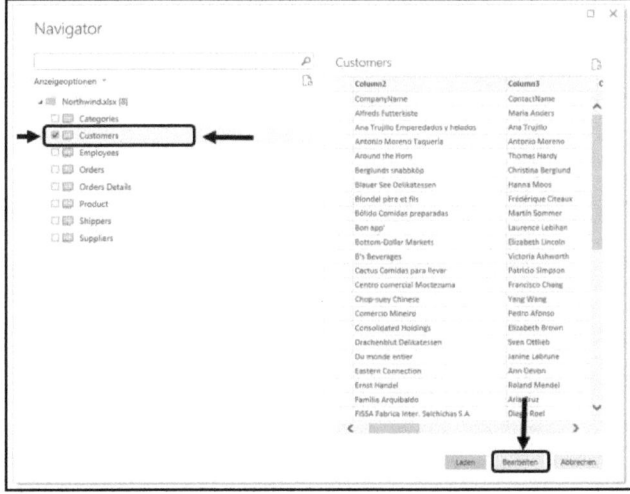

Sie gelangen in eine Dateibrowser Ansicht und können nun die bei Ihnen lokal abgespeicherte Excel-datei suchen, auswählen und mit „Öffnen" bestätigen. Im nun erscheinenden Fenster besteht die Möglichkeit, auszuwählen, welchen Tabellenreiter der Excel-datei wir abfragen möchten. Wir wählen zuerst den Tabellenreiter Customers und betätigen an-schließend den Button „bearbei-ten". Wir betätigen denn Button „Bearbeiten" anstatt „Laden", da wir die Daten, bevor wir Sie in unser Datenmodell übernehmen möchten, noch ändern werden. Sobald Sie den „Bearbeiten" Button betätigt haben, öffnet sich Power Query.

Auf der linken Seite des Bildschirms sehen Sie, dass eine neue Abfrage mit dem Namen „Customers" generiert wurde. In diesem Bereich werden alle Abfragen organisiert, die dieses Datenmodell enthält. Bei komplexeren Abfragen kann man diese mit Hilfe von Ordnerstrukturen gruppieren, wie wir im Verlauf dieses Buches aber noch sehen werden.

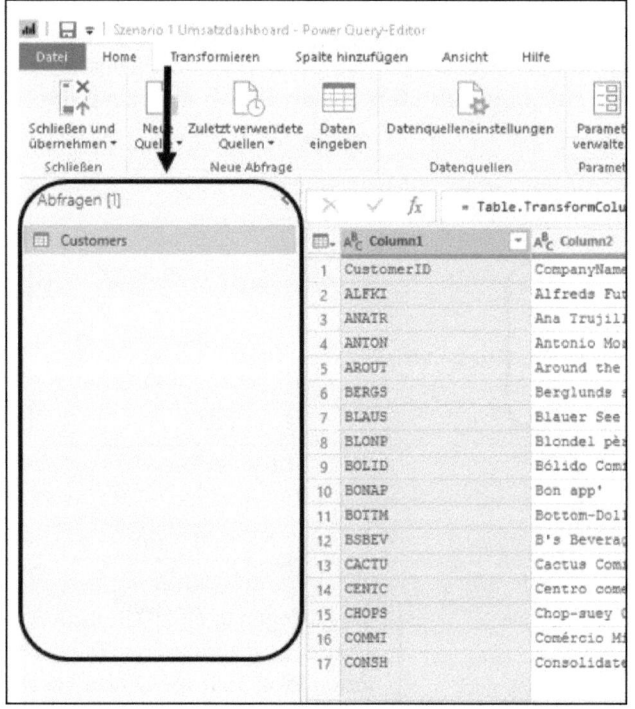

In der Mitte sind die Daten zu sehen, die die derzeit gestaltete Abfrage ausgibt. Der Inhalt entspricht dem Inhalt des Tabellenblatts „Customers" aus der abgefragten Exceldatei, da wir zu diesem Zeitpunkt noch keine weiteren Änderungen vorgenommen haben.

Auf der rechten Seite sind die einzelnen Schritte der Abfrage zu sehen. Sobald wir eine Umformung innerhalb dieser Abfrage vornehmen, werden Sie sehen, dass die Liste der angewendeten Schritte sich nach unten erweitert. Jedes Mal, wenn das Power BI Datenmodell aktualisiert wird, werden alle neuen Daten, auf die diese Abfrage zugreift, all die rechts aufgeführten Schritte durchlaufen.

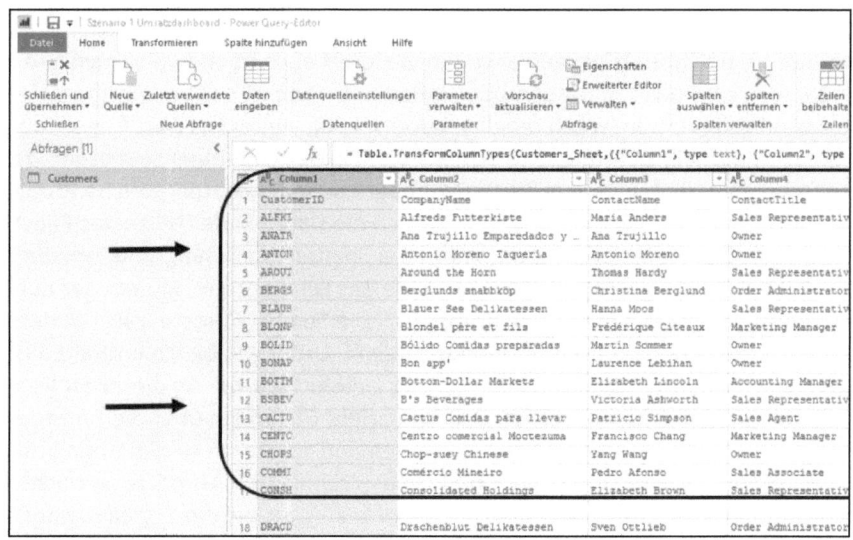

2.2.2 Daten bereinigen

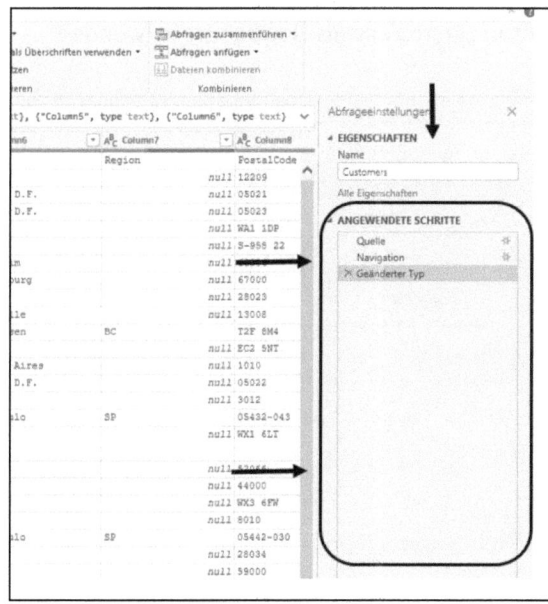

In meinem vorigen Buch bin ich bei Erstellung der Abfragen zu dieser Datei so vorgegangen, dass ich nahezu sämtliche Informationen der Quelldaten in das Datenmodell übernommen hatte. Dies war der Übung dienlich, doch da wir die Erstellung des Datenmodells nun auf eine professionellere Ebene bringen möchten, sollten wir uns genau überlegen, welche Daten wir überhaupt für das fertige Datenmodell benötigen und auch nur diese in das Modell laden.

Wenn Sie eine Power BI Desktop Datei öffnen, werden sämtliche Daten, die Sie abfragen in den Arbeitsspeicher Ihres PCs geladen und da der Arbeitsspeicher begrenzt ist, sollten im fertigen Datenmodell auch nur die Daten enthalten sein, die auch benötigt werden.

Die Inhalte der Exceldateien, die wir hier abfragen haben keine kritische Größe, jedoch werden Sie bei Ihren künftigen arbeiten vielleicht auch irgendwann mehrere Millionen Datensätze in ein Power BI Datenmodell laden und dann ist es von enormer Wichtigkeit, nur die notwendigsten Daten, wenn möglich bereits fertig aggregiert abzufragen, um den Aufbau des Datenmodells überhaupt zu ermöglichen. In der Einleitung zu diesem Szenario hatte ich geschrieben, dass wir im fertigen Dashboard sehen möchten, welche Produkte sich wie in welchem Land verkauft haben. Wenn Sie sich die Daten in der Mitte des Bildschirms jetzt ansehen, werden Sie feststellen, dass nur zwei Spalten notwendig sind, um die beschriebene Anforderung zu erfüllen: Die Spalte, die das Land enthält, in dem der Kunde ansässig ist („Country") und die Spalte „Customer ID". Die Spalte „Customer ID" ist deshalb notwendig, da diese in der Tabelle mit den Aufträgen („Orders") ebenso enthalten ist und nur so zuzuordnen ist, in welches Land ein Auftrag geliefert wurde. An dieser Stelle sei auch erwähnt, dass es immer sehr sinnvoll ist, sich im Vorfeld Gedanken über die Anforderungen an den fertigen Bericht zu machen. Wenn später jemand zusätzlich zu den oben beschriebenen Anforderungen noch sehen möchte, mit welchen Kunden die Umsätze gemacht wurden, ist dieses nicht mehr ohne weiteres möglich, außer man geht bei der Erstellung des Datenmodells bis zu dem jetzigen Zeitpunkt zurück und belässt die Spalte Kunde („Customer") in dieser Tabelle, ansonsten könnte man nur die Umsätze nach Customer ID auswerten, und das sind im schlimmsten Fall einfach Kundennummern, die der Reportkonsument nicht einfach zu den Kunden assoziieren kann. Um die gewünschten Daten nun zu erhalten, sind folgende Schritte notwendig:

1. Der oberste Datensatz enthält die Überschriften der Exceltabelle. Diesen Datensatz übernehmen wir als Überschrift in dem wir den Button „Erste Zeile als Überschrift verwenden" betätigen.

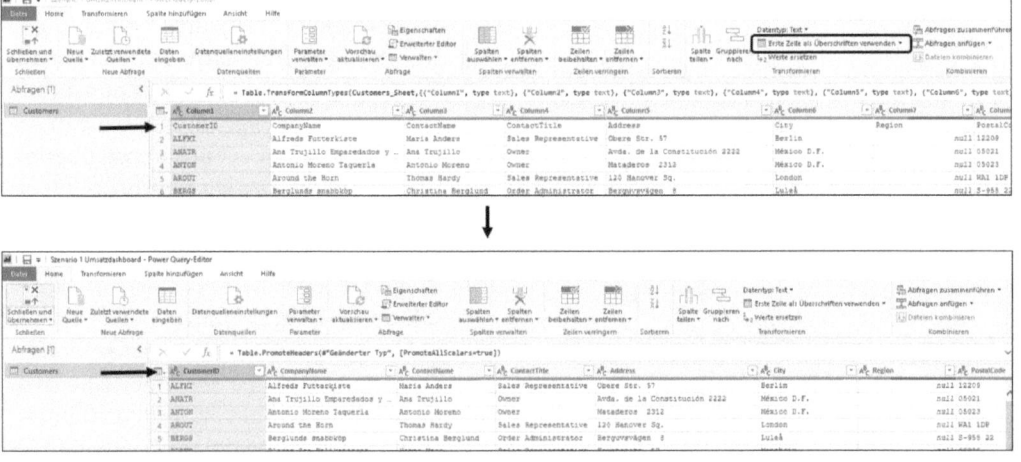

2. Wir entfernen alle Spalten bis auf „CustomerID" und „Country". Um das zu tun, wählen Sie bitte diese beiden Spalten an (mit gedrückter STRG Taste), betätigen Sie die rechte Maustaste und wählen Sie „andere Spalten entfernen" aus.

Alternativ kann man natürlich auch die Spalten markieren, die man entfernen möchte und diese dann einfach mit der Entf Taste oder durch einen Rechtsklick und dann „Entfernen" löschen. Ich habe mit der Zeit jedoch auf diesen Weg die besseren Erfahrungen gemacht, denn wenn in der Datenquelle eine weitere Spalte auftaucht, taucht diese zukünftig auch in Ihren abgefragten Daten auf, wenn Sie nur die Spalten direkt entfernen, die Sie markieren. Andersherum wird dieses unerwünschte Verhalten abgefangen.

Hier nochmal ein wichtiger Hinweis für das allgemeine Verständnis. Wenn wir hier in Power Query zum Beispiel eine Spalte löschen, bedeutet das nicht, dass diese Spalte auch in der zu Grunde liegenden Excel Datei gelöscht ist. Das Löschen in Power Query hat nur die Auswirkung, dass die Daten bei der Abfrage nicht mit in das Endergebnis der Abfrage einfließen. Somit wäre diese Abfrage auch bereits vollständig und wir betätigen den Button „Schließen und übernehmen" oben links in der Ecke.

2.2.3 Zuletzt verwendete Quellen

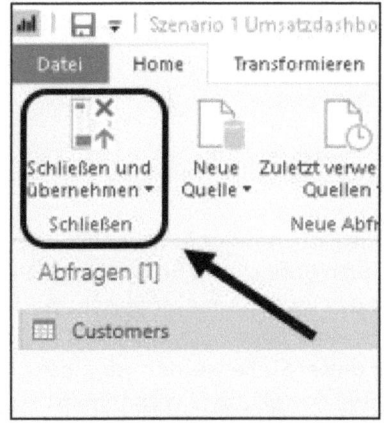

Wir gelangen dadurch zurück in Power BI Desktop und die Daten der Abfrage „Customers" werden in das Datenmodell geladen.

Da wir noch weitere Daten aus der Northwind Exceldatei benötigen, werden wir dafür nun auch noch die entsprechenden Abfragen erstellen. Wir können nun den Button „Zuletzt verwendete Quellen" anklicken und uns steht gleich ganz oben die Northwind Exceldatei zur Auswahl zur Verfügung.

18

Klicken Sie die Datei nun bitte an und wählen Sie im Anschluss den Tabellenreiter „Orders" aus und bestätigen Sie mit „Bearbeiten".
Aus der Liste der Aufträge („Orders") interessieren uns die Spalte „OrderID", „CustomerID „und „OrderDate".
Da bei dieser Abfrage die Überschriften bereits korrekt erkannt wurden, müssen Sie nun nur noch die drei oben genannten Spalten auswählen und die anderen Spalten entfernen. Klicken Sie anschließend auf „Schließen und übernehmen".

Als nächstes erstellen wir die Abfrage für den Tabellenreiter „Order Details". Gehen Sie hier bitte auch wie soeben vor. Bei dieser Abfrage benötigen wir alle angezeigten Spalten. Den Datentyp „Discount" (Rabatt) ändern wir in Prozentsatz. Hierzu einen Rechtsklick auf die Überschrift dieser Spalte machen, dann „Typ ändern" und „Prozentsatz" auswählen. Es erscheint ein Dialogfeld, in welchem Sie gefragt werden, ob Sie den aktuellen Schriitt ersetzen möchten, oder einen neuen Schritt einfügen möchten. Wählen Sie bitte „Neuen Schritt einfügen aus".

2.2.4 Abfrageschritte

Sie sehen, dass auf de rechten Seite, wo alle Schritte festgehalten werden, nun ein zweiter Schritt auftaucht, in welchem der Datentyp geändert wurde.

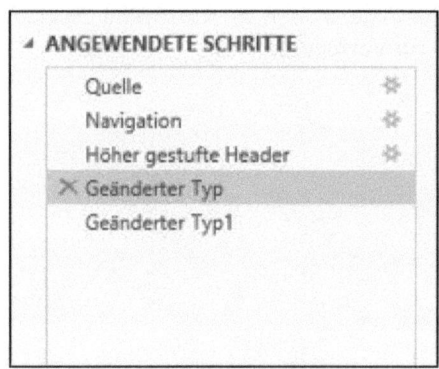

Wenn Sie diese Schritte mit der Maus anklicken, sehen Sie im oberen Bereich des Bildschirms den dazugehörigen Code zu diesem Abfrageschritt. Dieser Code ist in einer Sprache namens „M" geschrieben. An dieser Stelle werden wir eine kleine Optimierung des M Codes vornehmen. Klicken Sie einmal zwischen den beiden Abfrageschritten hin und her, Sie werden sehen, dass im Abfrageschritt „Geänderter Typ" allen Spalten Datentypen zugewiesen werden. Dieser Schritt wurde im Übrigen von Power Query selbst vorgenommen genauso wie die Nutzung des ersten Datensatzes als Überschrift.

Diese von Power Query selbst vorgenommenen Abfrageschritte sind häufig korrekt und erleichtern uns die Arbeit, jedoch steht es uns natürlich frei, diese jederzeit zu korrigieren, wenn wir die Daten anders haben möchten.

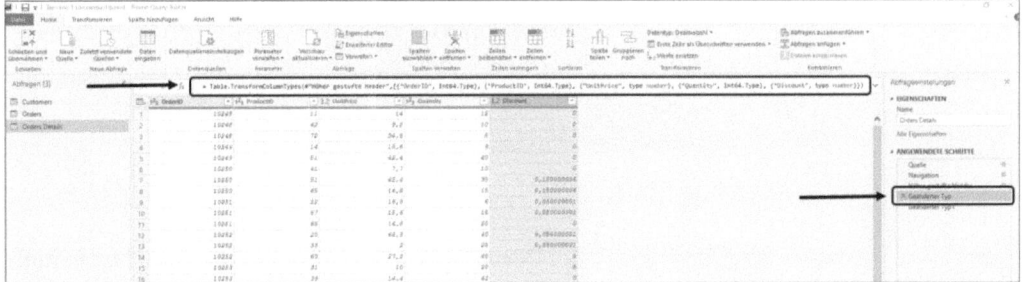

Code der Abfragezeile „Geänderter Typ":

```
= Table.TransformColumnTypes
        (#"Höher gestufte Header",
            {
                {"OrderID", Int64.Type},
                {"ProductID", Int64.Type},
                {"UnitPrice", type number},
                {"Quantity", Int64.Type},
                {"Discount", type number}
            }
        )
```

Code der Abfragezeile „Geänderter Typ1":

```
= Table.TransformColumnTypes
        (#"Geänderter Typ",
            {
                {"Discount", Percentage.Type}
            }
        )
```

Wenn man sich diese beiden Codes betrachtet, ist es naheliegend, dass man den zweiten Code direkt in den ersten einbinden kann und sich den letzten Abfrageschritt somit sparen kann.
Im ersten Code wird also einfach der Ausdruck

```
                {"Discount", type number}
```

zu

```
                {"Discount", Percentage.Type}
```

abgeändert. Diese Änderung können Sie direkt in Power Query in der Eingabezeile vornehmen, in der Sie den Code sehen. Sollte bei der Eingabe die Zeile zu kurz werden und dazu führen, dass Sie nur noch einen Teil des Codes sehen, können Sie die Eingabezeile mit dem kleinen Aufklapppfeil rechts neben dem Code komplett sichtbar machen.

20

Der fertige Code sieht nun wie folgt aus:

```
= Table.TransformColumnTypes
      (#"Höher gestufte Header",
            {
                  {"OrderID", Int64.Type},
                  {"ProductID", Int64.Type},
                  {"UnitPrice", type number},
                  {"Quantity", Int64.Type},
                  {"Discount", Percentage.Type}
            }
      )
```

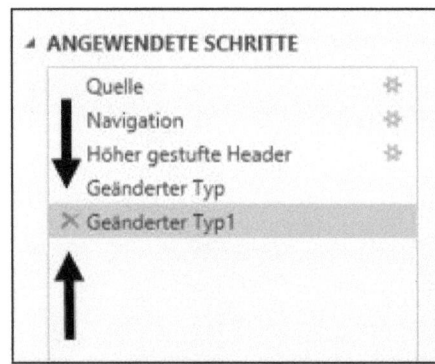

Der Abfrageschritt "Geänderter Typ1" kann nun komplett gelöscht werden. Hierzu das X links neben dem Abfrageschritt anklicken. Natürlich müssen Sie zukünftig nicht erst den Abfrageschritt hinzufügen und später löschen. Sie können den Code auch direkt in der Eingabezeile abändern. Somit wäre die Abfrage vollständig und wir könnten Power Query mit „Schließen und übernehmen" schließen, machen es aber vorerst noch nicht. Da wir aber noch weitere Abfragen aus der Northwind Datenquelle benötigen, können wir auch direkt aus Power Query heraus eine neue Abfrage erzeugen, ohne den Umweg über Power BI gehen zu müssen. Klicken Sie hierzu einfach im oberen Bereich auf „Zuletzt verwendete Quellen" und wählen Sie die Northwind Datei aus. Wir benötigen noch Daten aus den Tabellenblättern „Categories" und „Product". Setzen Sie bitte vor beiden Tabellenreitern einen Haken und klicken Sie auf den „OK" Button. Dies führt dazu, dass beide Abfragen erzeugt werden und wir diese hintereinander abarbeiten können, ohne vorher immer wieder eine neue Abfrage zu starten. Natürlich empfiehlt sich dieses Vorgehen in der Praxis, ich wollte zuvor lediglich noch einmal aufzeigen, welche Möglichkeiten man hat, eine Abfrage zu starten. Im Übrigen erscheinen in dem Dialog, in dem wir soeben die Tabellenblätter ausgeählt haben nicht die Buttons „Laden" und „Bearbeiten". Wenn wir aus Power Query heraus eine neue Abfrage starten, gelangen wir über den „Ok" Button immer in die Ansicht, wo wir die Abfrage noch weiter bearbeiten können. Bearbeiten wir nun zuerst die Abfrage „Categories". In dieser Abfrage interessieren uns nur die Daten der Spalten „CategoryID" und „CategoryName". Alle anderen Spalten entfernen Sie bitte. Ebenso schnell geht die Bearbeitung der Abfrage „Product". Hier behalten wir die Spalten „ProductID", „ProductName" und „CategoryID" und entfernen alle weiteren Spalten. Nun schließen wir Power Query mit „Schließen und übernehmen" und wechseln somit zu Power BI.

2.3   Datenmodellierung und Reporting / Dashboarding

2.3.1   Beziehungen zwischen Tabellen herstellen

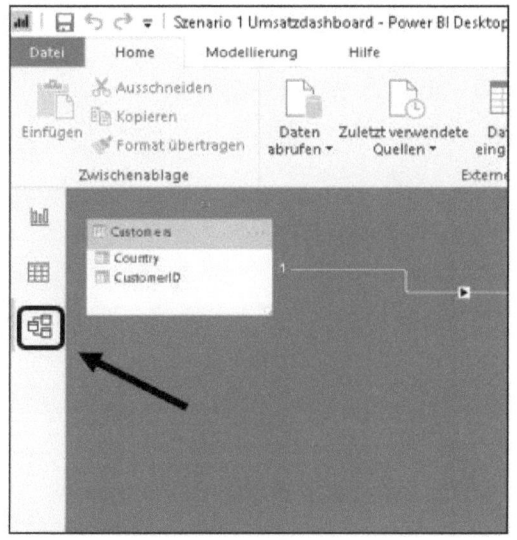

In Power BI wechseln wir in den Arbeitsbereich „Beziehungen". Dort angekommen, werden wir feststellen, dass Power BI bereits Beziehungen zwischen den Tabellen eingerichtet hat. Ich persönlich ziehe es vor, diese automatisch eingerichteten Beziehungen zu löschen und mir selbst Gedanken darüber zu machen, wie die Relationen zwischen den Tabellen aufgebaut werden müssen. So bekommt man direkt einen sehr guten Überblick über das Datenmodell. Zudem sind die automatisch eingerichteten Beziehungen nicht immer so eingerichtet, wie es sein sollte, häufig gibt es mehrere Möglichkeiten, die Beziehungen herzustellen. Ich empfehle von daher, die bereits eingerichteten Beziehungen zu löschen und sich selbst einen Überblick über die Daten zu verschaffen und dementsprechend die Relationen aufzubauen. In unserem Fall ist es auch nicht besonders schwierig, da die Spalten, die verbunden werden müssen in allen Tabellen auch die gleiche Bezeichnung haben. Dies ist ein wichtiger Punkt, den Sie vor allem bei der Arbeit mit größeren Datenmodellen beachten sollten. Alle Spalten, die miteinander verbunden werden, sollten der Übersicht halber über eine identische Bezeichnung verfügen.

Sind alle Relationen eingerichtet, sollte das Datenmodell zunächst wie im nächsten Screenshot zu sehen aussehen („zunächst" deshalb, da während der Arbeit mit dem Datenmodell jederzeit eine Erweiterung oder Änderung möglich ist, sofern dies erforderlich sein sollte). Bei einfachen Modellen wird man hingegen schnell überblicken können, ob die von der Power BI Engine eingerichteten Beziehungen korrekt sind und kann sie dementsprechend natürlich auch so belassen.

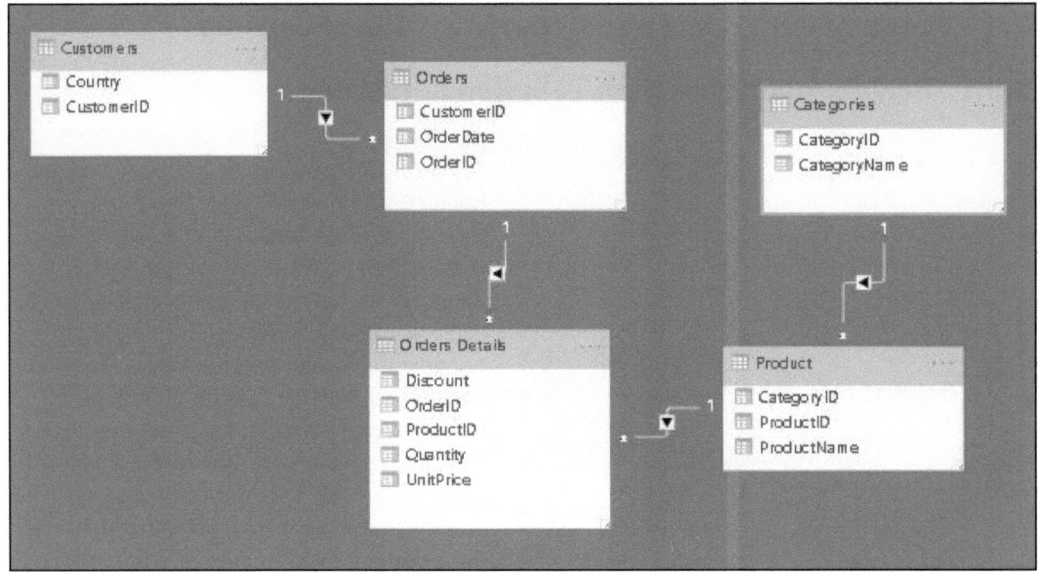

2.3.2 Einfaches Measure erstellen, validieren und visualisieren

Da dies ein Umsatz Dashboard werden soll, werden wir im ersten Schritt den Umsatz berechnen. Hierfür werden wir ein Measure verwenden, keine berechnete Spalte. Ein Measure hat
den Vorteil, dass es nur dann berechnet wird, wenn es in der Visualisierung angezeigt wird
bzw. auch neu berechnet wird, wenn man Filter anders setzt, einen Drilldown ausführt usw.
Eine berechnete Spalte hingegen würde wie alle anderen bereits vorhandenen Spalten im
Arbeitsspeicher abgelegt werden und dort Platz benötigen, was wie bereits beschrieben bei
größeren Datenmodellen unvorteilhaft ist.
Wenn man sich die Daten näher ansieht, wird deutlich, dass die benötigten Daten für den
Umsatz aus der Tabelle Order Details hervorgehen.
Wechseln wir hierzu in den Arbeitsbereich „Daten" und werfen einen Blick in die Tabelle
„Order Details".
Der Umsatz berechnet sich aus dem Einzelpreis (Spalte „Unit Price") x Anzahl („Quantity")
abzgl. Rabatt („Discount"). Um die Berechnung in einem Measure durchzuführen, bitte auf
den Reiter Modellierung wechseln und „Neues Measure" anklicken und die Formel für den
Umsatz schreiben.

```
Umsatz =
SUMX (
    'Orders Details';
    'Orders Details'[UnitPrice] * 'Orders Details'[Quantity] * ( 1 - 'Orders
Details'[Discount] )
)
```

Die geschriebenen Formeln bitte stets, wie auch in meinem ersten Buch bereits näher beschrieben mit dem DAX Formatter (http://www.daxformatter.com/) formatieren.
Da man beim Schreiben von DAX, speziell wenn es um das Schreiben von Measures geht, das
Ergebnis der Formel im Gegensatz zu Excel nicht sofort sieht, sollte man das Ergebnis der
geschriebenen Formel direkt überprüfen. Am besten über eine Tabellenvisualisierung im
Visualisierungsbereich, mit welcher man das Ergebnis des Measures anzeigen lässt. Wenn
man sich nicht sicher sein kann, ob die angezeigten Werte tatsächlich das korrekte Ergebnis
liefern, noch andere Prüfmechanismen überlegen. In unserem Fall könnte man die Exceltabelle öffnen, die dem Power BI Bericht zu Grunde liegt, dort die Formel nachbilden und somit
die Ergebnisse validieren. Nichts ist ärgerlicher, als den Reportkonsumenten ein Dashboard
bereitzustellen und diese dann feststellen, dass die angezeigten Werte überhaupt nicht
stimmen.

24

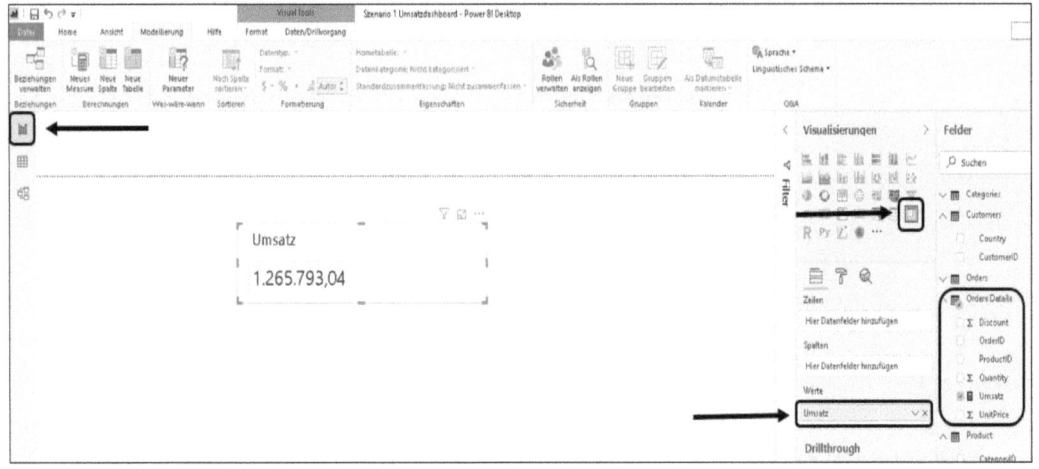

Um die Richtigkeit des Measures genau zu überprüfen, muss in der Exceltabelle die Berechnung nachgebildet werden [Formel für Zeile 2 Spalte F: =(C2*D2)*(1-E2)] und anschließend die Summe aus Spalte F mit dem Ergebnis des Measures verglichen werden.

Dieser Wert verglichen mit der Exceltabelle, Tabellenreiter Order Details, zeigt, dass der in Power BI errechnete Wert, mit dem Wert aus der Exceltabelle übereinstimmt.

Um die Daten besser auswertbar zu machen, sind noch einige Änderungen am Datenmodell vorzunehmen. Die derzeitig vorhandenen Daten sind noch nicht vernünftig filterbar was die Perioden angeht. Zur Verdeutlichung erstellen wir ein Balkendiagramm mit folgendem Setup:

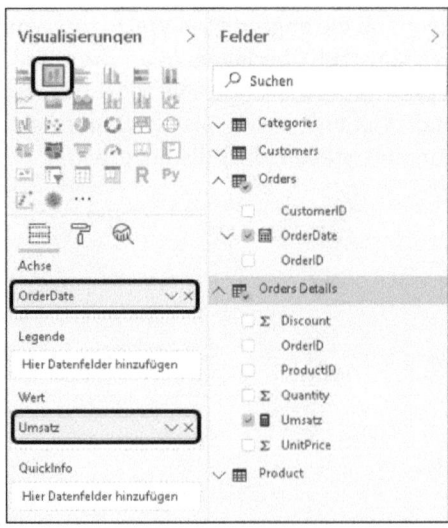

Achten Sie darauf, dass im Feld Achse die Spalte „OrderDate" nicht als Heirarchie angezeigt wird. Wie dies unterbunden wird, können Sie im nächsten Screenshot sehen.

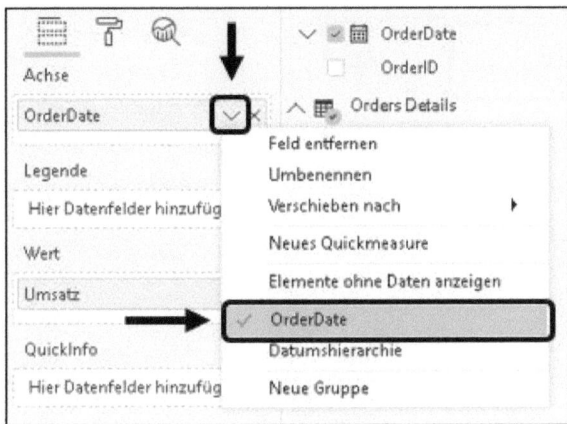

Das Ergebnis dieser Konfiguration liefert den Effekt, dass wir für jeden Tag einen Balken mit der Höhe des Umsatzes sehen:

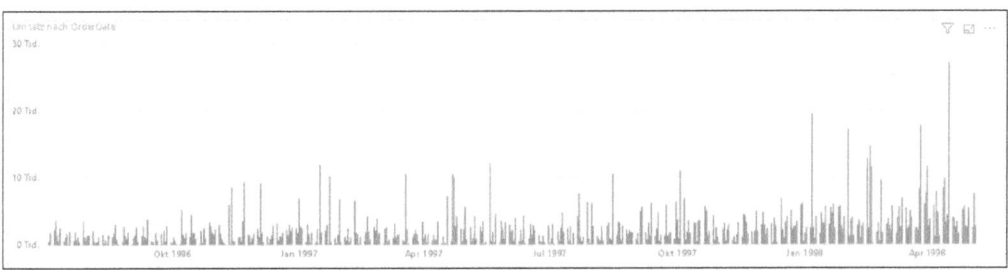

Dies ist grundsätzlich nicht verkehrt. Wir sehen den Umsatz im zeitlichen Verlauf, jedoch pro Datum, welche in der Spalte „OrderDate" auftauchen. Die Gruppierung nach Monaten wäre sinnvoller. Da betriebswirtschaftlich die monatliche Abgrenzung der Umsätze von hoher Relevanz ist, sollte in den meisten Dashboards eine Möglichkeit bestehen, die Zahlen je Periode, also je Monat gruppiert anzeigen zu lassen. Ich habe bereits häufiger gesehen, dass versucht wird, dieses Problem zu beheben, indem die Hierarchie wieder aktiviert wird und alle Hierarchiestufen bis auf die Monate herausgenommen werden, also wie im Folgenden zu sehen:

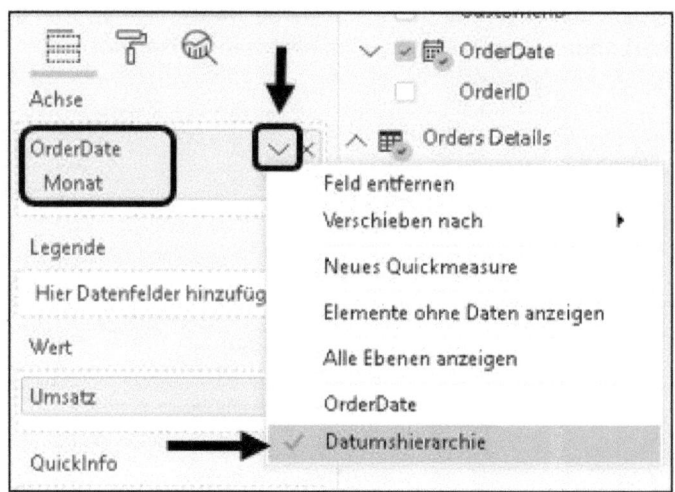

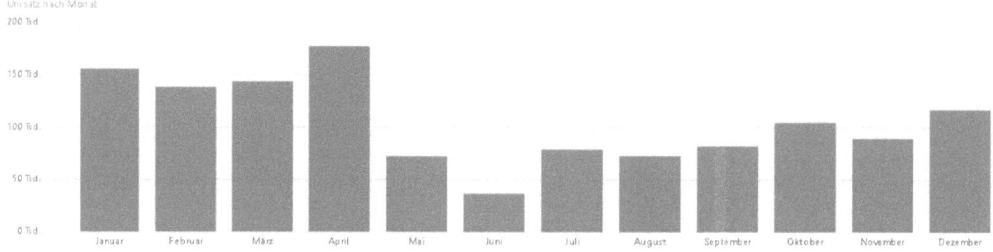

Das Ergebnis sieht zwar „richtiger" aus als der erste Versuch, jedoch darf man nicht vergessen, dass das Dataset Daten von mehreren Jahren enthält. Den Balken, den wir derzeit für den Januar sehen enthält also die Summe sämtlicher Januar Umsätze aus allen Jahren.
Als nächsten Lösungsversuch könnte man eine berechnete Spalte der Orders Tabelle hinzufügen und in dieser Spalte auf Basis der Spalte OrderDate den zugehörigen Monat berechnen. Statt in der Visualisierung die Spalte „OrderDate" zu verwenden, könnte man dann die neu berechnete Spalte verwenden. Eine einfache Möglichkeit, diese Spalte zu berechnen, sehen Sie im nächsten Screenshot:

OrderID	CustomerID	OrderDate	Monat
	1 Monat = ENDOFMONTH(Orders[OrderDate])		
10248	WILMK	04.07.1996	31.07.1996
10249	TRADH	05.07.1996	31.07.1996
10250	HANAR	08.07.1996	31.07.1996
10251	VICTE	08.07.1996	31.07.1996
10252	SUPRD	09.07.1996	31.07.1996
10253	HANAR	10.07.1996	31.07.1996
10254	CHOPS	11.07.1996	31.07.1996
10255	RICSU	12.07.1996	31.07.1996
10256	WELLI	15.07.1996	31.07.1996
10257	HILAA	16.07.1996	31.07.1996
10258	ERNSH	17.07.1996	31.07.1996
10259	CENTC	18.07.1996	31.07.1996

In den meisten Fällen mag diese Lösung funktionieren, es ist jedoch nicht die sauberste Lösung, da sie nicht alle Eventualitäten abfängt. Was würde denn zum Beispiel passieren, wenn das Unternehmen jeden Juni Betriebsferien hätte und in dieser Zeit auch keine Aufträge entgegennehmen würde? Dann würde in der Visualisierung nach dem Mai Balken direkt der Juli Balken folgen. Erwarten würde man jedoch, dass zwischen dem Mai und Juli Balken zumindest ein leerer Platz wäre, der sofort ersichtlich macht, dass in diesem Monat keine Daten vorhanden sind. Zugegeben, dieses Szenario ist heutzutage eher unrealistisch, aber es kann durchaus passieren, dass man mit Daten arbeitet, auch vielleicht auf Tagesbasis, wo genau dieses Problem auftaucht und dann ist es einfach besser, grundsätzlich immer mit der saubereren Lösung zu arbeiten.

2.3.3 Mit Kalendertabellen arbeiten

Die saubere Lösung in diesem Fall wäre, über eine weitere Tabelle zu verfügen, die jedes mögliche Datum enthält und eine dazugehörige Monatszuordnung, eine Verbindung zur „Orders" Tabelle herzustellen und dann die Monatszuordnung aus der neuen Kalendertabelle in der Visualisierung zu verwenden. Ich zeige im Folgenden auf, wie man eine derartige Kalendertabelle in Power BI erzeugt und somit das Problem löst. Es wäre natürlich eine Möglichkeit, eine Kalendertabelle in Excel zu erstellen und diese über Power Query in das Datenmodell einzubeziehen. Es geht jedoch noch viel einfacher. Wechseln Sie in den Datenbereich und gehen Sie auf „Modellierung" und dann „Neue Tabelle".

28

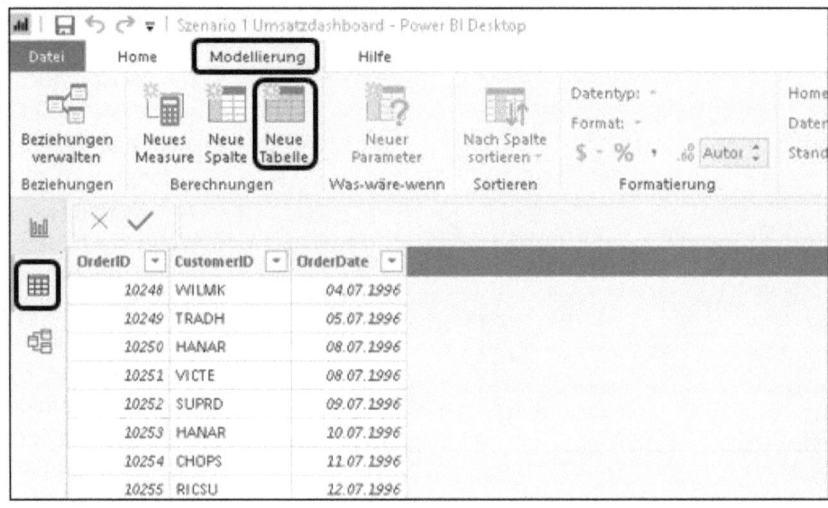

Schreiben Sie zur Erzeugung der Kalendertabelle folgende Formel:

```
Kalendertabelle = CALENDARAUTO()
```

Das Ergebnis ist eine Tabelle mit einer Spalte („Date"), welche eine Range vom ersten bis zum letzten Tag der im Datenmodell enthaltenen Datumswerten enthält.

Das erste Datum ist jedoch nicht exakt das erste Datum, welches im Datenmodell auftaucht, sondern der Beginn des Jahres zu diesem Datum. Ebenso ist der letzte Tag in dieser Tabelle der letzte Tag des Jahres zu dem letzten Datum, welches in diesem Datenmodell auftaucht. Das Gute an dieser Methode ist, dass die Größe der Kalendertabelle dynamisch an den Dateninhalt angepasst wird, die Tabelle ist immer so groß wie notwendig. Sobald Order Daten aus dem Jahr 1999 hinzukommen würden, würde die Kalendertabelle also entsprechend erweitert werden.

Nun benötigen wir in dieser Tabelle noch zu jedem Datumswert eine Monatszuordnung. Hierzu verwenden wir die bereits vorhin gezeigte Formel endofmonth() und erzeugen eine neue Spalte mit folgenden Inhalt:

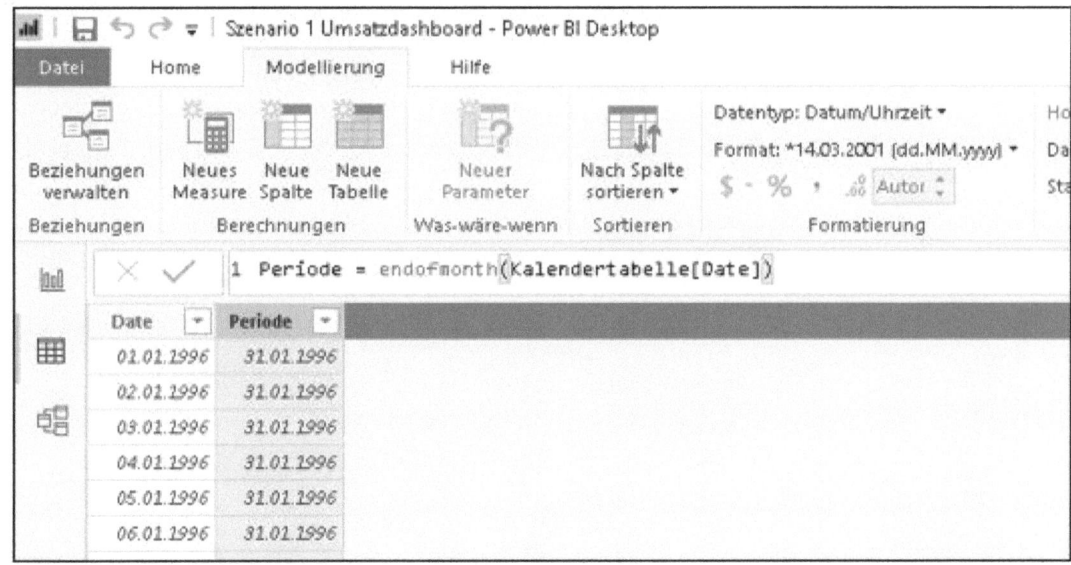

Wir müssen eine Beziehung zwischen der Spalte „Date" der Tabelle „Kalender" und der Spalte „OrderDate" der Tabelle „Orders" herstellen. Ich erwähnte, dass es Sinn machen würde, verbundene Spalten gleich zu benennen. In diesem Fall macht es jedoch keinen Sinn, da die in der Kalendertabelle enthaltenen Datumswerte allgemeiner Natur sind und auch für andere Zwecke als für die Monatszuordnung der Spalte „Orderdate" verwendet werden können.

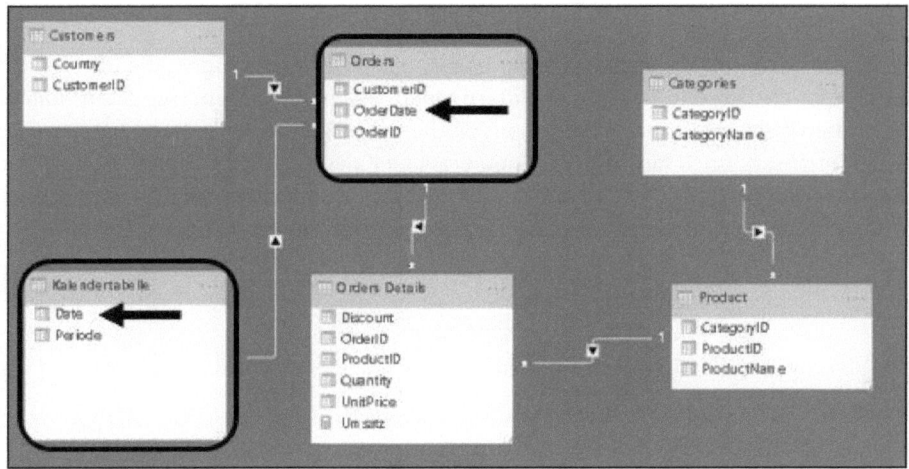

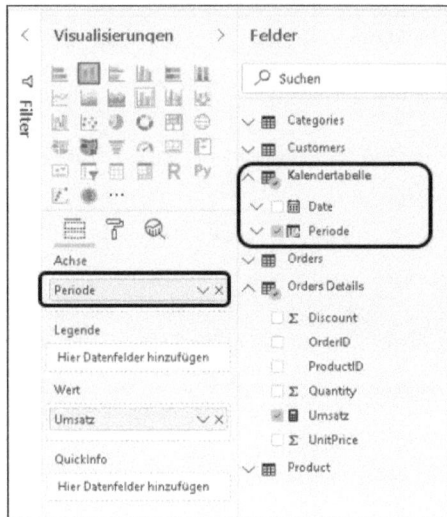

Wenn wir jetzt die neue Spalte „Periode" aus der Tabelle „Kalendertabelle" in die Achse der Visualisierung ziehen, können wir sehen, dass die Visualisierung nun das gewünschte Ergebnis liefert.

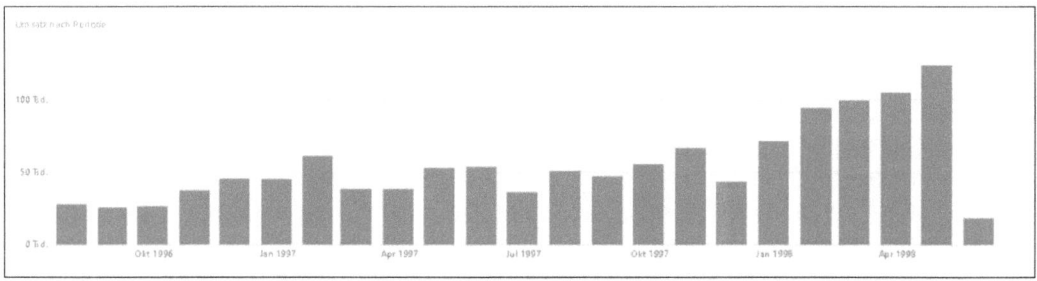

Es wäre für den User noch angenehm, über eine Möglichkeit zu verfügen, die Daten bei Bedarf nur für ein Jahr zu sehen. Also eine Filterung nach Kalenderjahren. Hier steht man vom Prinzip vor dem gleichen Problem wie zuvor, wir haben nirgendwo die Daten kategorisiert nach Kalenderjahren. Auch hier kann die neu erzeuge Kalendertabelle schnell Abhilfe verschaffen. Wir fügen in der Kalendertabelle einfach eine neue Spalte hinzu, in der jedes enthaltene Datum einem Jahr zugeordnet ist. Folgende Formel liefert das gewünschte Ergebnis:

```
Jahr = year(Kalendertabelle[Date])
```

Im Visualisierungsbereich fügen wir nun eine „Datenschnitt" Visualisierung hinzu und verwenden die neue Spalte.

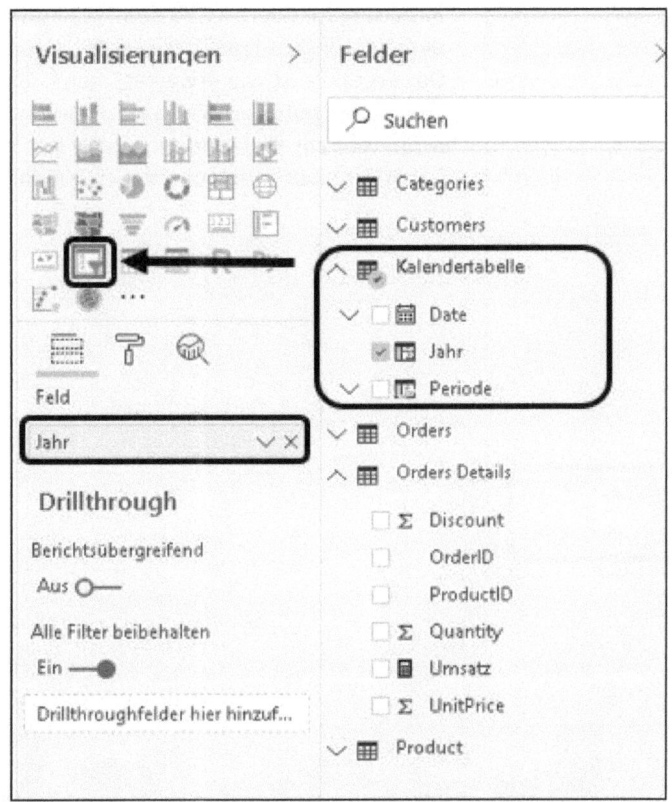

Standardmäßig sollte die Visualisierung mit einem Schieberegler versehen sein und folgendermaßen aussehen:

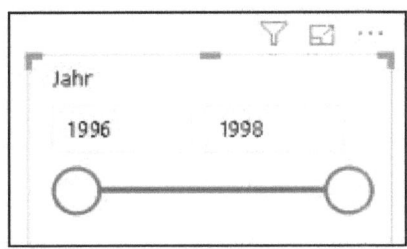

Da wir die Auswahl bereits nach Jahr aggregiert haben und somit nicht sehr viele Elemente zur Auswahl stehen, sollten wir die Elemente direkt mit der Maus auswählbar machen. Hierzu in der Visualisierung selbst ganz rechts oben den kleinen Pfeil anklicken, der erscheint, wenn man mit der Maus drüber bewegt und „Liste" auswählen. Da es zudem

noch Sinn macht, alle Elemente durch einen Klick auswählbar zu machen, stellen Sie bitte die entsprechende Option in den Formatierungsoptionen dieser Visualisierung ein. Also die Visu-

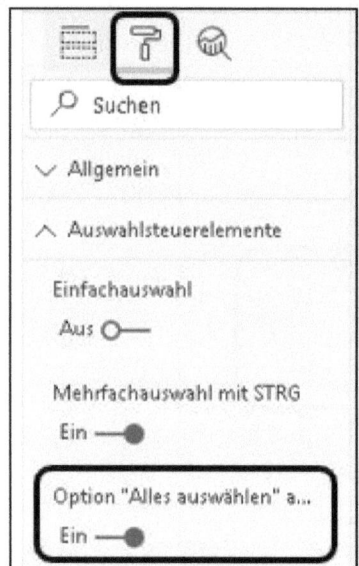

alisierung markieren und dann die Einstellung wie auf dem Screenshot links zu sehen ist, übernehmen:
Das Ergebnis ist wie erwartet, man kann sich nun den Umsatz im zeitlichen Verlauf (zusammengefasst nach Monaten) ansehen und man kann sich entweder die komplette Zeitreihe oder nur ein Kalenderjahr ansehen.

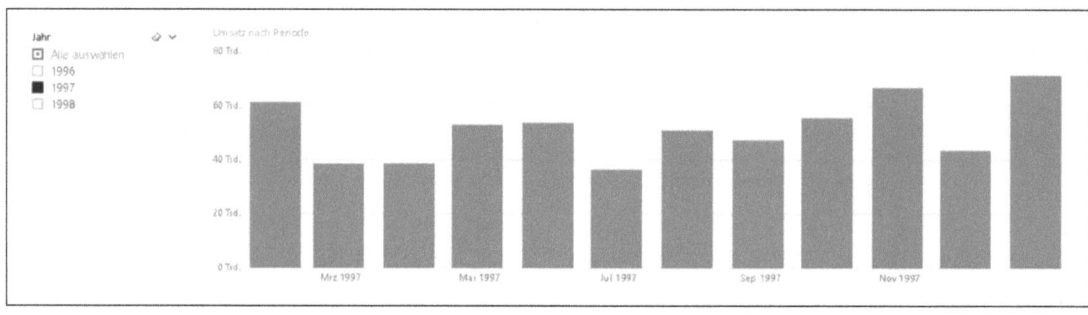

2.3.4 Calculate() Funktion

Im Fokus soll der Umsatz nach Produkten und Ländern stehen, deshalb sollten die Daten auch bezogen auf die Produkte und Produktkategorien vernünftig auswertbar gemacht werden. Hierzu nehmen wir erstmal eine Konfiguration wie folgt vor und betrachten die vorhandenen Daten:

Da wir in den Zeilen die Spalte „CategoryName" über die Spalte „ProductName" gestellt haben, sehen wir hier den Umsatz nach Kategorien (Im Falle des Screenshots ist kein Jahr herausgefiltert, es sind die Umsätze sämtlicher Perioden zu sehen).

Von hier ausgehend besteht die Möglichkeit, die Umsatzverteilung nach Produkten näher zu analysieren. Der im vorigen Screenshot markierte, abwärtsgerichtete Pfeil aktiviert den Drilldown der Matrixvisualisierung. Sobald der Drilldown aktiviert wurde, färbt sich der Pfeilhintergrund schwarz. Klicken Sie nun mit markierten Drilldownpfeil die Kategorie Beverages an und Sie werden sehen, welche Produkte dieser Kategorie zugeordnet sind und wieviel Umsatz über die gefilterten Perioden mit diesen Produkten gemacht wurde.

34

CategoryName	Umsatz
Beverages	**267.868,18**
Chai	12.788,10
Chang	16.355,96
Chartreuse verte	12.294,54
Côte de Blaye	141.396,73
Guaraná Fantástica	4.504,36
Ipoh Coffee	23.526,70
Lakkalikööri	15.760,44
Laughing Lumberjack Lager	2.396,80
Outback Lager	10.672,65
Rhönbräu Klosterbier	8.177,49
Sasquatch Ale	6.350,40
Steeleye Stout	13.644,00
Gesamt	**267.868,18**

Diese Auswertung liefert bereits sehr viel Transparenz über die Daten. Im folgenden Schritt werde ich die Calculate Funktion einführen. Wir werden dort des Verständnisses halber viele Variationen ausprobieren, die Ergebnisse werden zum Schluss nicht alle im Umsatzdashboard verwendet, jedoch halte ich diesen Umweg für notwendig, um nach und nach das Verständnis für die Funktionsweise von Calculate zu schärfen. Die Calculate Funktion ist eine DAX Funktion, die häufig angewendet wird, jedoch ist sie nicht einfach zu verstehen und die Ergebnisse, die die Funktion liefert sind nicht immer einfach nachvollziehbar. Ziel des folgenden Abschnittes soll neben dem Verständnis der Funktionsweise von Calculate sein, ein Measure zu entwickeln, welches den korrekten prozentualen Umsatzanteil der einzelnen Produkte am Gesamtumsatz anzeigt, egal wie die Produkte gefiltert sind.

Aufbau der Funktion:

Calculate(Ausdruck; Filter 1; Filter 2; Filter 3; …)

Calculate erwartet als erstes Argument einen „Ausdruck". Das bedeutet, hier kann eine weitere DAX Formel eingegeben werden, oder aber ein bereits vorliegendes Measure genutzt werden. Die Calculate Funktion lässt an dieser Stelle keinen reinen Spaltenbezug als Argument zu. Das erste Argument ist zwingend erforderlich. Die weiteren möglichen Argumente (Filter 1, Filter 2, …) sind optional.

Da wir in unserem Datenmodell bereits ein Measure (Umsatz) zur Verfügung haben, mit welchem wir die calculate

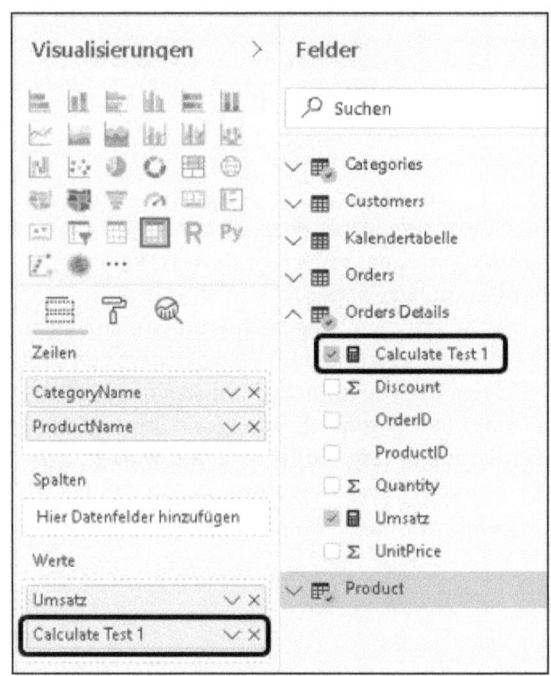

Funktion testen können, schreiben wir jetzt folgendes neues Measure:

```
Calculate Test 1 = calculate([Umsatz])
```

Wir fügen der bestehenden Matrixvisualisierung das Measure „Calculate Test 1" hinzu (als Werte), um zu sehen, was die Funktion für ein Ergebnis liefert (Setup siehe Screenshot oben).

CategoryName	Umsatz	Calculate Test 1
Beverages	267.868,18	267.868,18
Dairy Products	234.507,28	234.507,28
Confections	167.357,22	167.357,22
Meat/Poultry	163.022,36	163.022,36
Seafood	131.261,74	131.261,74
Condiments	106.047,08	106.047,08
Produce	99.984,58	99.984,58
Grains/Cereals	95.744,59	95.744,59
Gesamt	1.265.793,04	1.265.793,04

Wie Sie sehen können, liefern beide Measures ein identisches Ergebnis. Die Calculate Funktion wird erst wirklich nützlich, wenn man ihr weitere Argumente (Filter 1; Filter 2; …) hinzufügt. Genau das werden wir im nächsten Schritt testen. Erweitern wir hierzu das bestehende Measure wie folgt:

```
Calculate Test 1 = calculate([Umsatz]; Categories[CategoryName]="Beverages")
```

Wir haben somit der Calculate Funktion ein Filterargument hinzugefügt. Mit dieser Formel berechnen wir den Umsatz, gefiltert auf die Kategorie „Beverages" und das Ergebnis sehen Sie hier:

CategoryName	Umsatz	Calculate Test 1
Beverages	267.868,18	267.868,18
Dairy Products	234.507,28	267.868,18
Confections	167.357,22	267.868,18
Meat/Poultry	163.022,36	267.868,18
Seafood	131.261,74	267.868,18
Condiments	106.047,08	267.868,18
Produce	99.984,58	267.868,18
Grains/Cereals	95.744,59	267.868,18
Gesamt	1.265.793,04	267.868,18

Wir sehen, die angepasste Formel liefert für jede Kategorie den Umsatz der Kategorie „Beverages". Das bedeutet, es ist völlig egal, was wir in unseren Visualisierungen für Filter gesetzt haben, die Funktion liefert uns immer als Ergebnis den Umsatz (sogar im Gesamtergebnis), der der Kategorie „Beverages" zugeordnet ist. Die Formel ignoriert also scheinbar sämtliche vorhandene Filter aus den Visualisierungen und liefert einfach genau das Ergebnis, was durch die Formel ausgedrückt wurde.

Es wird Ihnen im Moment wahrscheinlich noch sinnlos erscheinen, eine derartige Formel zu schreiben, es dauert wirklich ein wenig, die Funktionsweise und den Nutzen dieser Formel zu erkennen.

36

Gehen wir einen Schritt weiter und passen die Tabellenvisualisierung kurzerhand so an, dass wir die Spalte „Productname" aus den Zeilen entfernen, dafür jedoch die Spalte „Jahr" hinzufügen und über die Spalte „CategoryName" platzieren in den Zeilen. Anschließend lassen wir uns in der Matrixvisualisierung die Elemente unterhalb der Jahre in der Hierarchiestufe gruppiert anzeigen (mit dem markierten Pfeile Symbol im übernächsten Screenshot). Die Konfiguration und das Ergebnis ist hier zu sehen:

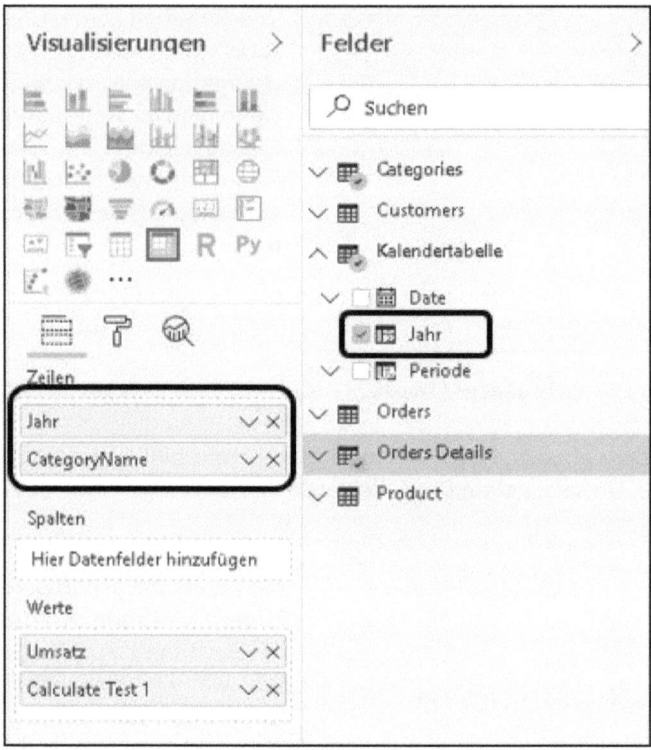

Jahr	Umsatz	Calculate Test 1
1996	208.083,97	47.919,00
Beverages	47.919,00	47.919,00
Condiments	17.900,38	47.919,00
Confections	29.685,55	47.919,00
Dairy Products	40.980,45	47.919,00
Grains/Cereals	9.507,92	47.919,00
Meat/Poultry	28.813,66	47.919,00
Produce	13.885,78	47.919,00
Seafood	19.391,22	47.919,00
1997	617.085,20	103.924,30
Beverages	103.924,30	103.924,30
Condiments	55.368,59	103.924,30
Confections	82.657,75	103.924,30
Dairy Products	115.387,64	103.924,30
Grains/Cereals	56.871,82	103.924,30
Meat/Poultry	80.975,11	103.924,30
Produce	54.940,77	103.924,30
Seafood	66.959,22	103.924,30
1998	440.623,87	116.024,87
Beverages	116.024,87	116.024,87
Condiments	32.778,11	116.024,87
Confections	55.013,92	116.024,87
Dairy Products	78.139,19	116.024,87
Grains/Cereals	29.364,84	116.024,87
Meat/Poultry	53.233,59	116.024,87
Produce	31.158,03	116.024,87
Seafood	44.911,29	116.024,87
Gesamt	1.265.793,04	267.868,18

Der bisher erlangte Kenntnisstand ist offensichtlich noch nicht ganz passend zum tatsächlichen Verhalten der Calculate Funktion. Ich sagte beim ersten Versuch, die Funktion ignoriere scheinbar sämtliche vorhandenen Filter aus den Visualisierungen.

Dies scheint jedoch nicht ganz zu stimmen, denn wie Sie sehen können, wird der aus der Visualisierung mitgegebene Filter der Kategorien (Spalte „CategoryName") zwar ignoriert und die Formel liefert immer den Umsatz der „Beverages". Der aus der Visualisierung mitgegebene Filter der Jahre wird jedoch von unserer Calculate Formel sehr wohl berücksichtigt. Erklärung ist, wir haben die Calculate Formel so geschrieben, dass nur der Filter der Spalte „CategoryName" ignoriert werden soll und immer fix auf „Beverages" stehen soll. Hätte Calculate auch Filter ignorieren sollen, die aus anderen Spalten (also aus dem Jahr wie in diesem Beispiel) hervorgehen und in der Tabellenvisualisierung als Filter fungieren, hätte man die Formel anders gestalten müssen.

Halten wir den derzeitigen Kenntnisstand zur Calculate Funktion noch einmal fest:
Die Funktion ignoriert bei der Berechnung des Ausdrucks (1. Argument), die aus der Visualisierung hervorgehenden Filter, sofern diese Filterkriterien im weiteren Verlauf der calculate Funktion manipuliert wurden. Enthält die Visualisierung Filterkriterien, die nicht in der Calculate Funktion angesprochen werden, verhält sich der Ausdruck gegenüber diesen Kriterien ganz normal.

2.3.5 All() Funktion in Kombination mit Calculate()

Im nächsten Schritt ändern wir die Formel so ab, dass wir als Ergebnis immer den kompletten Umsatz sehen möchten, egal welche Kategorie durch die Visualisierung gefiltert wurde. Hierzu schreiben wir folgendes neues Measure :

```
Calculate Test 2 = calculate([Umsatz]; All(Categories[CategoryName]))
```

Als Filterargument dient die Funktion ALL() bezogen auf die Spalte „CategoryName".
Dieser Ausdruck führt dazu, dass Calculate sämtliche, aus der Visualisierung stammenden Filter bezogen auf die Spalte „CategoryName" ignoriert und den Ausdruck immer so berechnet, als würde überhaupt kein Filter auf die Spalte „CategoryName" angewendet. Also es werden bei der Berechnung immer alle Werte der Spalte „CategoryName" berücksichtigt. Das neue Measure fügen wir zum Vergleich der Visualisierung hinzu und entfernen die Spalte „Jahr" aus den Zeilen. So sollte das Ergebnis aussehen:

CategoryName	Umsatz	Calculate Test 1	Calculate Test 2
Beverages	267.868,18	267.868,18	1.265.793,04
Condiments	106.047,08	267.868,18	1.265.793,04
Confections	167.357,22	267.868,18	1.265.793,04
Dairy Products	234.507,28	267.868,18	1.265.793,04
Grains/Cereals	95.744,59	267.868,18	1.265.793,04
Meat/Poultry	163.022,36	267.868,18	1.265.793,04
Produce	99.984,58	267.868,18	1.265.793,04
Seafood	131.261,74	267.868,18	1.265.793,04
Gesamt	1.265.793,04	267.868,18	1.265.793,04

Das Ergebnis ist wie erwartet. Egal, welche Kategorie als Filter über die Visualisierung kommt, das Measure liefert immer den kompletten Umsatz.
Würde man nun wieder die Spalte „Jahr" in der gleichen Konfiguration wie zuvor mit in die Visualisierung aufnehmen, würden wir das gleiche Verhalten wie zuvor beobachten: Die aus der Visualisierung kommende Filterung der Spalte „Jahr" würde funktionieren, da wir hier das Verhalten nicht mit der calculate Funktion manipuliert haben.
Nun scheint die Berechnung dieses Measures fast noch sinnloser wie der vorherige Versuch, jedoch können wir an dieser Stelle eine wunderbare Brücke zur eingehend gestellten Anforderung schlagen. Die Anforderung war, die Visualisierung des anteiligen Umsatzes der Kategorien und Produkte in Prozent. Für die Berechnung müsste man also den Umsatz der jeweiligen Kategorie durch den Gesamtumsatz dividieren. Wenn wir uns den letzten Screenshot ansehen, sehen wir, dass wir mit der ersten Spalte (Measure Umsatz) und der letzten Spalte (Calculate Test 2) bereits alle benötigten Werte vorliegen haben und nur weiter verarbeiten

müssen. Da wir das Measure „Calculate test 2" weiterverwenden möchten, benennen wir es um in: „Gesamtumsatz alle Kategorien". Das Measure „Calculate Test 1" kann an dieser Stelle gelöscht werden. Anschließend schreiben wir das Measure für den anteiligen Umsatz in Prozent:

```
Prozentualer Umsatzanteil = [Umsatz]/[Gesamtumsatz alle Kategorien]
```

Wir formatieren dieses Measure als Prozentsatz und ziehen es mit in die Tabellenvisualisierung und sehen, dass es das gewünschte Ergebnis liefert:

CategoryName	Umsatz	Gesamtumsatz alle Kategorien	Prozentualer Umsatzanteil
Beverages	267.868,18	1.265.793,04	21,16 %
Condiments	106.047,08	1.265.793,04	8,38 %
Confections	167.357,22	1.265.793,04	13,22 %
Dairy Products	234.507,28	1.265.793,04	18,53 %
Grains/Cereals	95.744,59	1.265.793,04	7,56 %
Meat/Poultry	163.022,36	1.265.793,04	12,88 %
Produce	99.984,58	1.265.793,04	7,90 %
Seafood	131.261,74	1.265.793,04	10,37 %
Gesamt	**1.265.793,04**	**1.265.793,04**	**100,00 %**

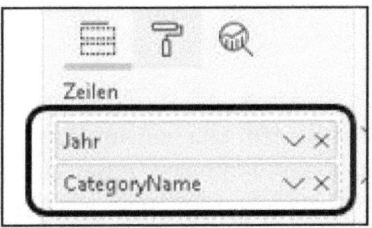

Gehen wir noch einen Schritt weiter und ändern nochmal die Konfiguration der Matrixvisualsierung ab und lassen uns die Jahre mit in den Zeilen oberhalb der Spalte „CategoryName" anzeigen und lassen uns zusätzlich alle Elemente der nächsten Hierarchieebene in der Tabelle anzeigen.

Jahr	Umsatz	Gesamtumsatz alle Kategorien	Prozentualer Umsatzanteil
1996	**208.083,97**	**208.083,97**	**100,00 %**
Beverages	47.919,00	208.083,97	23,03 %
Condiments	17.900,38	208.083,97	8,60 %
Confections	29.685,55	208.083,97	14,27 %
Dairy Products	40.980,45	208.083,97	19,69 %
Grains/Cereals	9.507,92	208.083,97	4,57 %
Meat/Poultry	28.813,66	208.083,97	13,85 %
Produce	13.885,78	208.083,97	6,67 %
Seafood	19.391,22	208.083,97	9,32 %
1997	**617.085,20**	**617.085,20**	**100,00 %**
Beverages	103.924,30	617.085,20	16,84 %
Condiments	55.368,59	617.085,20	8,97 %
Confections	82.657,75	617.085,20	13,39 %
Dairy Products	115.387,64	617.085,20	18,70 %
Grains/Cereals	56.871,82	617.085,20	9,22 %
Meat/Poultry	80.975,11	617.085,20	13,12 %
Produce	54.940,77	617.085,20	8,90 %
Seafood	66.959,22	617.085,20	10,85 %
1998	**440.623,87**	**440.623,87**	**100,00 %**
Beverages	116.024,87	440.623,87	26,33 %
Condiments	32.778,11	440.623,87	7,44 %
Confections	55.013,92	440.623,87	12,49 %
Dairy Products	78.139,19	440.623,87	17,73 %
Grains/Cereals	29.364,84	440.623,87	6,66 %
Meat/Poultry	53.233,59	440.623,87	12,08 %
Produce	31.158,03	440.623,87	7,07 %
Seafood	44.911,29	440.623,87	10,19 %
Gesamt	**1.265.793,04**	**1.265.793,04**	**100,00 %**

Bei Betrachtung der Werte des Measures „Prozentualer Umsatzanteil" fällt nun auf, dass 100% jeweils auf ein Jahr berechnet werden. Man sieht also den prozentualen Umsatzanteil der jeweiligen Produktkategorie am Gesamtumsatz für jeweils ein Jahr. Dies ergibt auch Sinn, da das Measure „Gesamtumsatz alle Kategorien" (welches als Basis für den prozentualen Anteil dient) nur den Filter der Spalte „CategoryName" ignoriert, jedoch eine Unterscheidung nach Jahren vornimmt.

Nun wäre es denkbar, dass man in der Auswertung aber auch sehen möchte, wie hoch der prozentuale Umsatzanteil einer Produktkategorie nicht nur für ein Kalenderjahr war, sondern für den kompletten Zeitraum. Hierzu muss die Funktion dahingehend angepasst werden, dass nicht nur der Filter der Produktkategorie, sondern auch der Filter auf die Jahre ignoriert wird. Schreiben Sie hierzu bitte ein neues Measure mit der Bezeichnung „Gesamtumsatz".

```
Gesamtumsatz =
CALCULATE (
    [Umsatz];
    ALL ( Categories[CategoryName] );
    Kalendertabelle[Jahr]
)
```

Um den prozentualen Umsatzanteil am gesamten Umsatz zu erhalten, müssen Sie nun nur noch das Measure „Umsatz" durch das neue Measure „Gesamtumsatz" dividieren.

```
Prozentualer Umsatzanteil am gesamten Umsatz =
[Umsatz] / [Gesamtumsatz]
```

Wenn wir nun die beiden neuen Measures in der Tabellenvisualisierung anzeigen, werden wir sehen, dass sie die gewünschten Ergebnisse liefern.

Jahr	Umsatz	Gesamtumsatz alle Kategorien	Prozentualer Umsatzanteil	Gesamtumsatz	Prozentualer Umsatzanteil am gesamten Umsatz
1996	208.083,97	208.083,97	100,00 %	1.265.793,04	16,44 %
Beverages	47.919,00	208.083,97	23,03 %	1.265.793,04	3,79 %
Condiments	17.900,38	208.083,97	8,60 %	1.265.793,04	1,41 %
Confections	29.685,55	208.083,97	14,27 %	1.265.793,04	2,35 %
Dairy Products	40.980,45	208.083,97	19,69 %	1.265.793,04	3,24 %
Grains/Cereals	9.507,92	208.083,97	4,57 %	1.265.793,04	0,75 %
Meat/Poultry	28.813,66	208.083,97	13,85 %	1.265.793,04	2,28 %
Produce	13.885,78	208.083,97	6,67 %	1.265.793,04	1,10 %
Seafood	19.391,22	208.083,97	9,32 %	1.265.793,04	1,53 %
1997	617.085,20	617.085,20	100,00 %	1.265.793,04	48,75 %
Beverages	103.924,30	617.085,20	16,84 %	1.265.793,04	8,21 %
Condiments	55.368,59	617.085,20	8,97 %	1.265.793,04	4,37 %
Confections	82.657,75	617.085,20	13,39 %	1.265.793,04	6,53 %
Dairy Products	115.387,64	617.085,20	18,70 %	1.265.793,04	9,12 %
Grains/Cereals	56.871,82	617.085,20	9,22 %	1.265.793,04	4,49 %
Meat/Poultry	80.975,11	617.085,20	13,12 %	1.265.793,04	6,40 %
Produce	54.940,77	617.085,20	8,90 %	1.265.793,04	4,34 %
Seafood	66.959,22	617.085,20	10,85 %	1.265.793,04	5,29 %
1998	440.623,87	440.623,87	100,00 %	1.265.793,04	34,81 %
Beverages	116.024,87	440.623,87	26,33 %	1.265.793,04	9,17 %
Condiments	32.778,11	440.623,87	7,44 %	1.265.793,04	2,59 %
Confections	55.013,92	440.623,87	12,49 %	1.265.793,04	4,35 %
Dairy Products	78.139,19	440.623,87	17,73 %	1.265.793,04	6,17 %
Grains/Cereals	29.364,84	440.623,87	6,66 %	1.265.793,04	2,32 %
Meat/Poultry	53.233,59	440.623,87	12,08 %	1.265.793,04	4,21 %
Produce	31.158,03	440.623,87	7,07 %	1.265.793,04	2,46 %
Seafood	44.911,29	440.623,87	10,19 %	1.265.793,04	3,55 %
Gesamt	1.265.793,04	1.265.793,04	100,00 %	1.265.793,04	100,00 %

Im Grunde genommen war nur eine winzige Anpassung notwendig, um dieses Ergebnis zu erzielen (die Hinzunahme der Jahre als Filterargument). Gerade für einen Anfänger ist es jedoch schwierig, auf die richtige Idee zu kommen. In diesem Zusammenhang möchte ich nochmal darauf hinweisen, dass es sehr wichtig ist, genau Bescheid zu wissen über das Verhalten und die Möglichkeiten der Calculate Funktion, dies wird Ihnen die Reporterstellung an vielen Stellen sehr vereinfachen.

2.3.6 Calculate() in weiteren Variationen

Und genau deshalb werden wir auch noch weitere Beispiele zu dieser Funktion durchgehen. Als Filterargument der Calculate Funktion haben wir bisher immer mit dem Operator „=" und einem Textwert gearbeitet, den wir in die Formel eingetragen haben.

Versuchen wir an dieser Stelle mal etwas anderes. Wir testen, was passiert, wenn man als Filterargument innerhalb der Calculate Funktion mit der or() Funktion arbeitet. Schreiben Sie hierzu folgendes Measure:

```
calculate Test or =
CALCULATE (
    [Umsatz];
    OR (
        Categories[CategoryName] = "Beverages";
        Categories[CategoryName] = "Seafood"
    )
)
```

Als Ergebnis erhalten wir, egal, welche Produktkategorie gefiltert ist, immer die Summe der Kategorie „Beverages" und „Seafood". Auf dem Screenshot ist die Spalte „Jahr" aus der Visualisierung entfernt.

CategoryName	Umsatz	Gesamtumsatz alle Kategorien	Prozentualer Umsatzanteil	Gesamtumsatz	Prozentualer Umsatzanteil am gesamten Umsatz	calculate Test or
Beverages	267.868,18	1.265.793,04	21,16 %	1.265.793,04	21,16 %	399.129,92
Condiments	106.047,08	1.265.793,04	8,38 %	1.265.793,04	8,38 %	399.129,92
Confections	167.357,22	1.265.793,04	13,22 %	1.265.793,04	13,22 %	399.129,92
Dairy Products	234.507,28	1.265.793,04	18,53 %	1.265.793,04	18,53 %	399.129,92
Grains/Cereals	95.744,59	1.265.793,04	7,56 %	1.265.793,04	7,56 %	399.129,92
Meat/Poultry	163.022,36	1.265.793,04	12,88 %	1.265.793,04	12,88 %	399.129,92
Produce	99.984,58	1.265.793,04	7,90 %	1.265.793,04	7,90 %	399.129,92
Seafood	131.261,74	1.265.793,04	10,37 %	1.265.793,04	10,37 %	399.129,92
Gesamt	1.265.793,04	1.265.793,04	100,00 %	1.265.793,04	100,00 %	399.129,92

Ein weiteres interessantes Ergebnis erhält man, wenn man die Calculate Funktion in Kombination mit der Filter() Funktion als Filterargument verwendet. In meinem ersten Buch bin ich ausführlich auf die Filter Funktion eingegangen, weshalb ich an dieser Stelle nur kurz noch einmal in Erinnerung rufen möchte: Die Filter Funktion liefert als Ergebnis eine Tabelle, die nur die Datensätze enthält, die den angegebenen Filtern entsprechen und die Funktion kann innerhalb anderer Funktionen verwendet werden.

Wir testen folgendes Measure:

```
Calculate Test Vergleich zu Filter =
CALCULATE (
    [Umsatz];
    Categories[CategoryName] = "Confections"
)
```

Und vergleichen das Verhalten mit diesem Measure:

```
calculate Test Filter =
CALCULATE (
    [Umsatz];
    FILTER (
        Categories;
        Categories[CategoryName] = "Confections"
    )
)
```

Das Ergebnis sieht wie folgt aus:

CategoryName	Umsatz	Calculate Test Vergleich zu Filter	calculate Test Filter
Beverages	267.868,18	167.357,22	
Condiments	106.047,08	167.357,22	
Confections	167.357,22	167.357,22	167.357,22
Dairy Products	234.507,28	167.357,22	
Grains/Cereals	95.744,59	167.357,22	
Meat/Poultry	163.022,36	167.357,22	
Produce	99.984,58	167.357,22	
Seafood	131.261,74	167.357,22	
Gesamt	1.265.793,04	167.357,22	167.357,22

Das Verhalten des Measures „Calculate Test Vergleich zu Filter"sollte an dieser Stelle bereits klar sein. Sämtliche Filter der Produktkategorie, die aus der Tabellenvisualisierung kommen, werden ignoriert und es wird immer der Umsatzwert der Kategorie „Confections"

44

ausgewiesen. Das Measure „Calculate Test Filter" liefert nur einen Wert für die Produktkategorie „Confections" und lässt alle anderen Zeilen leer. Dieses Verhalten ist darauf zurück zu führen, dass das Measure als Basis für die Filterung nur eine Tabelle (aus der Filter Funktion) zur Verfügung hat, in der nur Datensätze der Produktkategorie „Confections" enthalten sind.

Um entscheiden zu können, wann die Verwendung von Filter() als Filterargument in der Praxis Sinn macht, versuchen wir nun einmal mit der calculate Funktion nur die Werte zu filtern, wo der Umsatz einer Einzelbestellung größer als 1.000 ist.

Aufgrund des bisher gelernten, sind Sie nun wahrscheinlich geneigt, die Formel wie folgt aufzubauen:

```
calculate Test Filter Measure =
CALCULATE (
    [Umsatz];
    [Umsatz]>1000
)
```

Leider werden Sie feststellen müssen, dass dieses Measure von Power BI nicht akzeptiert wird. Grund ist schlichtweg, dass die calculate Funktion kein Measure als Vergleichswert für einen Operator als Filterargument akzeptiert. Was die Calculate Funktion hingegen sehr wohl akzeptiert, ist eine Tabelle als Filterargument, die schon von vornherein nur die Datensätze mit Umsatz bei Einzelbestellungen größer 1.000 enthält. In derartigen Fällen macht es immer Sinn, die Filter Funktion zu verwenden. Wir korrigieren die Formel deshalb wie folgt ab:

```
calculate Test Filter Measure =
CALCULATE (
    [Umsatz];
    FILTER (
        'Orders Details';
        [Umsatz] > 1000
    )
)
```

CategoryName	Umsatz	Calculate Test Vergleich zu Filter	calculate Test Filter	calculate Test Filter Measure
Beverages	267.868,18	167.357,22		166.684,13
Condiments	106.047,08	167.357,22		35.321,61
Confections	167.357,22	167.357,22	167.357,22	73.091,53
Dairy Products	234.507,28	167.357,22		129.308,15
Grains/Cereals	95.744,59	167.357,22		32.956,90
Meat/Poultry	163.022,36	167.357,22		119.011,05
Produce	99.984,58	167.357,22		63.556,98
Seafood	131.261,74	167.357,22		39.894,62
Gesamt	**1.265.793,04**	**167.357,22**	**167.357,22**	**659.824,98**

2.3.7   AllSelected() in Kombination mit calculate()

Ein weitere Anwendungsweise für Calculate möchte ich noch vorstellen und zwar Calculate in Verbindung mit der Funktion allselected(). Wir ändern das Setup der Matrixvisualisierung nochmal wie im Screenshot links zu sehen ab.

CategoryName	Umsatz	Prozentualer Umsatzanteil
Beverages	267.868,18	21,16 %
Condiments	106.047,08	8,38 %
Confections	167.357,22	13,22 %
Dairy Products	234.507,28	18,53 %
Grains/Cereals	95.744,59	7,56 %
Meat/Poultry	163.022,36	12,88 %
Produce	99.984,58	7,90 %
Seafood	131.261,74	10,37 %
Gesamt	**1.265.793,04**	**100,00 %**

Mit dieser Konfiguration sehen wir die Produktkategorien mit dem dazugehörigen Umsatz und dem Anteil am Gesamtumsatz. Wenn wir nun alle Elemente der nächsten Hierarchiestufe mit anzeigen lassen, ergibt sich folgendes Bild:

CategoryName	Umsatz	Prozentualer Umsatzanteil
Beverages	**267.868,18**	**21,16 %**
Chai	12.788,10	100,00 %
Chang	16.355,96	100,00 %
Chartreuse verte	12.294,54	100,00 %
Côte de Blaye	141.396,73	100,00 %
Guaraná Fantástica	4.504,36	100,00 %
Ipoh Coffee	23.526,70	100,00 %
Lakkalikööri	15.760,44	100,00 %
Laughing Lumberjack Lager	2.396,80	100,00 %
Outback Lager	10.672,65	100,00 %
Rhönbräu Klosterbier	8.177,49	100,00 %
Sasquatch Ale	6.350,40	100,00 %
Steeleye Stout	13.644,00	100,00 %
Condiments	**106.047,08**	**8,38 %**
Aniseed Syrup	3.044,00	100,00 %
Chef Anton's Cajun Seasoning	8.567,90	100,00 %
Chef Anton's Gumbo Mix	5.347,20	100,00 %
Genen Shouyu	1.784,82	100,00 %
Grandma's Boysenberry Spread	7.137,00	100,00 %
Gula Malacca	9.915,94	100,00 %
Louisiana Fiery Hot Pepper Sauce	13.869,89	100,00 %
Louisiana Hot Spiced Okra	3.383,00	100,00 %
Gesamt	**1.265.793,04**	**100,00 %**

Die Anteile je Produktkategorie werden weiterhin korrekt angezeigt, jedoch werden die Produkte selbst jeweils mit einem Anteil von 100% ausgewiesen. Analysieren wir zuersteinmal, weshalb jeweils ein Wert von 100% angezeigt wird. Das Measure „prozentualer Umsatzanteil" hat als Grundlage das Measure „Umsatz" sowie „Gesamtumsatz alle Kategorien". Lassen wir uns dieses Measure einmal mit anzeigen in der Tabellenvisualisierung

und zudem die Formel betrachten:

```
Gesamtumsatz alle Kategorien = calculate([Umsatz];
All(Categories[CategoryName]))
```

CategoryName	Umsatz	Gesamtumsatz alle Kategorien	Prozentualer Umsatzanteil
Beverages	**267.868,18**	**1.265.793,04**	**21,16 %**
Alice Mutton		32.698,38	
Aniseed Syrup		3.044,00	
Boston Crab Meat		17.910,63	
Camembert Pierrot		46.825,48	
Carnarvon Tigers		29.171,87	
Chai	12.788,10	12.788,10	100,00 %
Chang	16.355,96	16.355,96	100,00 %
Chartreuse verte	12.294,54	12.294,54	100,00 %
Chef Anton's Cajun Seasoning		8.567,90	
Chef Anton's Gumbo Mix		5.347,20	
Chocolade		1.368,71	
Côte de Blaye	141.396,73	141.396,73	100,00 %
Escargots de Bourgogne		5.881,67	
Filo Mix		3.232,95	

Das Measure soll den Umsatz anzeigen, jedoch den Filter auf „CategoryName" ersetzen durch die Gesamtsumme der Spalte „CategoryName". Wie man auf dem Screenshot in der Zeile für „Beverages" ablesen kann, tut das Measure auch genau das, was es soll. Das Filterargument der Formel manipuliert also tatsächlich nur den Filter auf „CategoryName". Da die Werte der nächstniedrigeren Hierarchiestufe jedoch aus der Spalte „ProductName" stammen, gibt es keinen Grund, weshalb hier der Gesamtumsatz der Spalte „ProductName" als Ergebnis herauskommen sollte, da wir diesen Filter nicht manipuliert haben. Wir sehen, die Formel arbeitet also korrekt, jedoch müssen wir die Formel ändern, wenn wir auch für die einzelnen Produkte den korrekten prozentualen Anteil angezeigt bekommen möchten.

Dies gelingt uns, wenn wir die Formel allselected() in das Measure mit einbauen.
Allselected gibt im Gegensatz zu All() nicht alle Werte einer Spalte aus, sondern lediglich die, die durch einen Filter geliefert werden.
Wir schreiben erstmal die Formel für dieses Beispiel und sehen uns dann die wirkweise genauer an:

```
Umsatz allselected =
[Umsatz]
    / CALCULATE (
        [Umsatz];
        ALLSELECTED ( Categories[CategoryName] );
        ALLSELECTED ( 'Product'[ProductName] )
    )
```

Wir lassen uns nun in der Tabellenvisuelisierung der übersicht halber nur den Umsatz und die neue Formel anzeigen:

CategoryName	Umsatz	Umsatz allselected
Beverages	267.868,18	21,16 %
Condiments	106.047,08	8,38 %
Confections	167.357,22	13,22 %
Dairy Products	234.507,28	18,53 %
Grains/Cereals	95.744,59	7,56 %
Meat/Poultry	163.022,36	12,88 %
Produce	99.984,58	7,90 %
Seafood	131.261,74	10,37 %
Gesamt	**1.265.793,04**	**100,00 %**

Auf dieser Ebene erkennen wir direkt, dass wir die gewünschten Werte erhalten, also die gleichen Werte wie aus dem Measure „Prozentualer Umsatzanteil". Alle Kategorie Namen, die uns angezeigt werden in den Zeilen, werden von der allselect() Formel als gefiltert (selected) interpretiert und somit liefert die Formel das korrekte Ergebnis. In dieser Ansicht ist kein Produktname gefiltert (da in der nächst tieferen Hierarchiestufe und in dieser Ansicht noch nicht zu sehen), weshalb die Formel für den Ausdruck

```
ALLSELECTED ( 'Product'[ProductName] )
```

richtigerweise keine Werte erhält. Lassen wir uns nun die Werte der nächsten Hierarchiestufe mit anzeigen:

CategoryName	Umsatz	Umsatz allselected
Beverages	**267.868,18**	**21,16 %**
Chai	12.788,10	1,01 %
Chang	16.355,96	1,29 %
Chartreuse verte	12.294,54	0,97 %
Côte de Blaye	141.396,73	11,17 %
Guaraná Fantástica	4.504,36	0,36 %
Ipoh Coffee	23.526,70	1,86 %
Lakkalikööri	15.760,44	1,25 %
Laughing Lumberjack Lager	2.396,80	0,19 %
Outback Lager	10.672,65	0,84 %
Rhönbräu Klosterbier	8.177,49	0,65 %
Sasquatch Ale	6.350,40	0,50 %
Steeleye Stout	13.644,00	1,08 %
Condiments	**106.047,08**	**8,38 %**
Aniseed Syrup	3.044,00	0,24 %
Chef Anton's Cajun Seasoning	8.567,90	0,68 %
Chef Anton's Gumbo Mix	5.347,20	0,42 %
Genen Shouyu	1.784,82	0,14 %
Grandma's Boysenberry Spread	7.137,00	0,56 %
Gula Malacca	9.915,94	0,78 %
Louisiana Fiery Hot Pepper Sauce	13.869,89	1,10 %
Louisiana Hot Spiced Okra	3.383,00	0,27 %
Northwoods Cranberry Sauce	12.772,00	1,01 %
Gesamt	**1.265.793,04**	**100,00 %**

Wir sehen nun, dass die Werte zu den Kategorienamen richtigerweise gleich bleiben, und zu den Produktnamen werden uns nun auch die korrekten Werte angezeigt (der prozentuale Umsatzanteil der jeweiligen Produkte am gesamten Umsatz). Der Ausdruck

ALLSELECTED (Categories[CategoryName])

liefert die korrekten Werte für die Kategorien und der Ausdruck

ALLSELECTED ('Product'[ProductName])

liefert die korrekten Werte für die Produktnamen. Das tolle an der Allselected() Funktion ist, dass sie flexibel auf die Filter aus der Visualisierung reagiert. Mit der geschriebenen Formel können wir uns zum Beispiel auch den prozentualen Umsatzanteil nur für die Kategorie Beverages anzeigen lassen. Hierzu bedarf es lediglich eines Filters von außerhalb der aktuellen Visualisierung , also eine „Datenschnitt" Visualiierung beispielsweise, die die Spalte

„CategoryName" enthält und auf „Beverages" gefiltert wird, oder aber auch mit dem innerhalb dieser Visualisierung möglichen Drilldown. Das ganze sieht dann so aus:

CategoryName	Umsatz	Umsatz allselected
Beverages	267.868,18	100,00 %
Chai	12.788,10	4,77 %
Chang	16.355,96	6,11 %
Chartreuse verte	12.294,54	4,59 %
Côte de Blaye	141.396,73	52,79 %
Guaraná Fantástica	4.504,36	1,68 %
Ipoh Coffee	23.526,70	8,78 %
Lakkalikööri	15.760,44	5,88 %
Laughing Lumberjack Lager	2.396,80	0,89 %
Outback Lager	10.672,65	3,98 %
Rhönbräu Klosterbier	8.177,49	3,05 %
Sasquatch Ale	6.350,40	2,37 %
Steeleye Stout	13.644,00	5,09 %
Gesamt	267.868,18	100,00 %

Somit wissen Sie nun über die wichtigsten Grundkonzepte der Calculate() Funktion Bescheid und sollten in der Lage sein, selbstständig einfache Analysen mit Hilfe der Calculate Funktion zu erstellen. Sie werden merken, dass es trotzdem noch eine gewisse Eingewöhnungszeit bedarf, bis Sie den Umgang mit der Funktion sicher beherrschen, aber die Mühe wird sich für Sie lohnen.

2.3.8 Formatierung des Dashboards

Ein Dashboard sorgt bei den Usern für größere Akzeptanz und Begeisterung, wenn dieser auch optisch ansprechend gestaltet ist und es zudem sinnvolle Interaktionsmöglichkeiten gibt und interaktiv ist. Die Begeisterung über die Optik kann man hervorrufen, wenn in dem Bericht das Firmenlogo zu sehen ist und die Farben der Visualisierungen an das Corporate Design der Firma angelehnt ist. Bei diesem Szenario nutzen wir ein fiktives Firmenlogo sowie Farben aus einem vorgegebenen Design, von welchem wir ausgehen, dass diese dem Corporate Design entsprechen. Jedoch zeige ich vorab, wie man an die notwendigen Farbcodes gelangt, wenn man ein Dashboard farblich an das Corporate Design eines echten Unternehmens anpassen möchte.

Gehen wir in den Visualisierungsarbeitsbereich. Zuerst werden wir dem leeren Bericht das fiktive Firmenlogo hinzufügen. Gehen wir hierzu auf den Reiter „Home" und anschließend auf den Button „Bild".

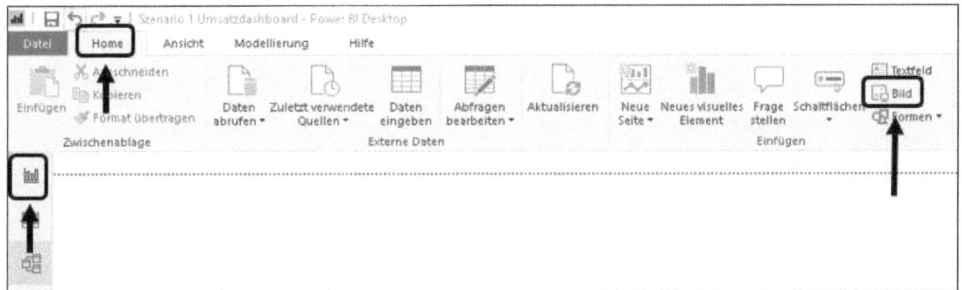

Bei den zur Verfügung gestellten Daten habe ich im Ordner „Szenario 1" eine jpg Datei mit der Bezeichnung Firmenlogo bereitgestellt. Diese wählen Sie nun bitte aus und platzieren Sie das Logo links oben in der Ecke des Berichts und fügen rechts daneben ein Textfeld mit dem Text „Umsatzdashboard" ein.

Idealerweise stellt Ihre Marketingabteilung ein freigestelltes Firmenlogo zur Verfügung. Also ohne den weißen Hintergrund wie in diesem Beispiel. Dies sieht besser aus, wenn der Hintergrund eine andere Farbe als weiß erhalten soll oder evtl. sogar ein Foto als Hintergrund verwendet werden soll.

Zusätzlich zu dem Firmenlogo sollen die Farben der verwendeten Diagramme an das Corporate Design des Unternehmens angelehnt sein in Bezug auf Schriftart und Farben. Hier erhalten Sie auch idealerweise Informationen aus Ihrer Marketingabteilung. Schriftarten sind in den Formatierungsoptionen der Visualisierungen verfügbar. Für die gewünschten Farben benötigen Sie den Hexadezimalcode der Farbe. Sollten Sie über diesen Code nicht verfügen, gibt es noch eine Möglichkeit über ein im Internet zugängliches Tool an die Farbcodes zu gelangen. Beispielsweise auf der Seite https://imagecolorpicker.com/de haben Sie die Möglichkeit ein Foto hochzuladen und anschließend wird Ihnen der Farbcode ausgegeben, wenn Sie mit der Maus auf die Stelle des Fotos klicken, welche den Farbcode enthält.

Den Farbcode können Sie im Formatierungsbereich einer jeden Visualisierung unter dem Punkt Datenfarben eingeben:

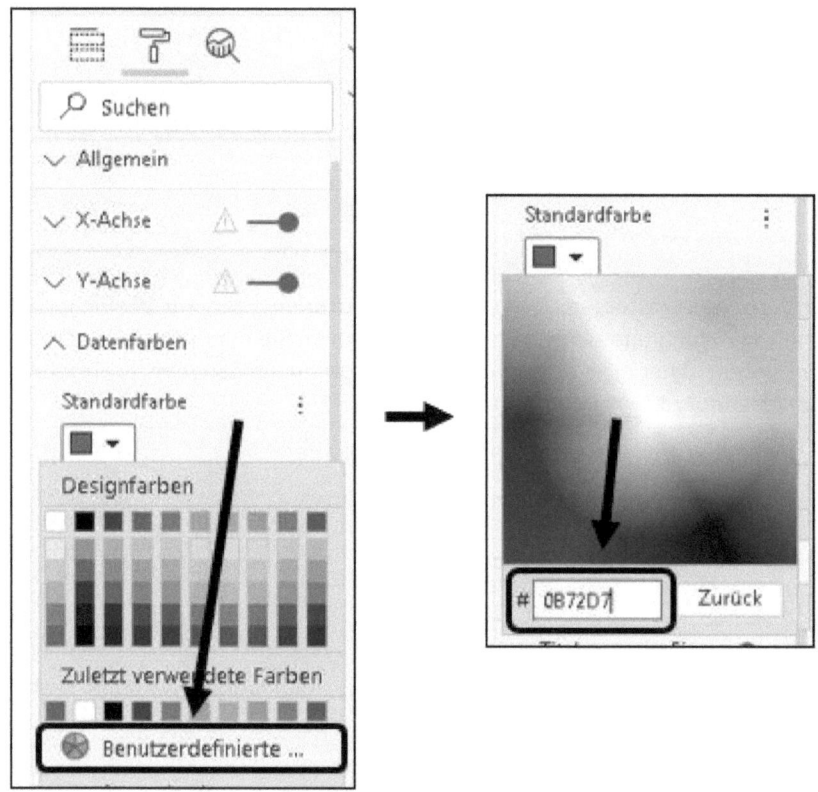

Wie oben bereits erwähnt, verwenden wir für das Dashboard ein vorgegebenes Farbdesign. Das Design können Sie einfach im Menüband „Home" unter dem Punkt „Design" auswählen.

Das erstellen und Formatieren von Visualisierungen habe ich bereits in meinem ersten Buch ausführlich beschrieben, weshalb ich an dieser Stelle einfach auf die fertige Power BI Desktop Datei verweisen möchte, die ich zur Verfügung gestellt habe und auch im weiteren Verlauf des Buches nur noch auf wichtige neue Aspekte bei der Erstellung der Visualisierungen eingehen möchte.

Grundsätzlich lässt sich sagen, man erzielt große Akzeptanz und Begeisterung, wenn der Report insgesamt farbig stimmig ist, an das Corporate Design des Unternehmens angepasst ist und der Bericht auch ein Hintergrundbild enthält
Wenn Sie das Design der von mir erstellten Datei nachbilden möchten, erhalten Sie durch den Designwechsel auf das Set „Gezeiten" bereits die richtigen Farben und den Hintergrund. Ich habe anschließend noch ein paar Einstellungen an den Titelformatierungen und an den Hintergründen der einzelnen Visualisierungen (Transparenzgrad und Farbe) geändert. Die auf dem Screenshot abgebildeten Visualisierungen enthalten Daten, die entweder bereits in den

Spalten des Datenmodells vorhanden sind oder Daten, die wir im vorigen Kapitel zusammen erstellt haben. Sie sollten für Sie also ohne Probleme zu erstellen sein.

Eine gute Hilfe bei der Formatierung der einzelnen Visualisierungen ist die Möglichkeit, Formatierungen von einer Visualisierung auf eine andere zu übertragen.

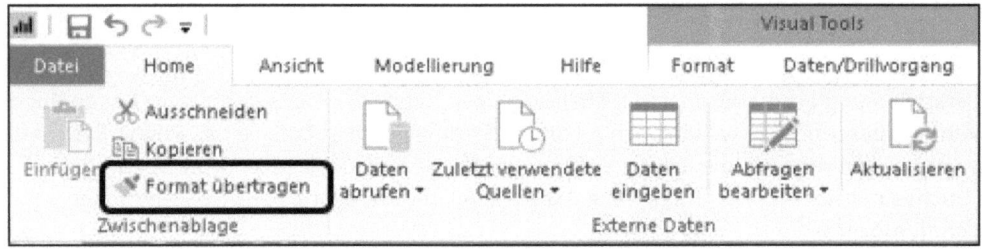

Klicken Sie hierzu auf die Visualisierung, die das bereits fertige Format enthält, dann auf die Schaltfläche „Format übertragen" und anschließend auf die Visualisierung, die noch nicht nach Ihren Wünschen formatiert ist und es werden alle Einstellungen der fertig formatierten Visualisierung übernommen. Dies spart wirklich sehr viel Arbeit ein.

Des weiteren ist es grundsätzlich sehr wichtig, darauf zu achten, wie die einzelnen Visualiserungen miteinander agieren. Dieses Konzept habe ich ebenfalls in meinem ersten Buch ausführlicher vorgestellt und Bedarf an dieser Stelle keiner weiteren Erläuterung. Dieser Report ist so gestaltet, dass alle Visualiserungen interaktiv darauf reagieren, was in einer oder mehreren anderen Visualisierungen angeklickt wurde (Mehrfachauswahl aus unterschiedlichen Visualisierungen ist mit gedrückter STRG Taste möglich). Es kann natürlich auch Berichte geben, bei denen es nicht unbedingt von Vorteil ist, wenn alle Visualisierungen aufeinander reagieren und diese Möglichkeit unterdrückt werden sollte.

3 Szenario 2 - Soll – IST Vergleich mit KPIs

3.1 Einleitung

Im zweiten Szenario werden wir einen Soll ist Vergleich aus Daten eines Finanzbuchhaltungs-programms (Ist) sowie Planungsdaten (Soll) erstellen. Aus dem Finanzbuchhaltungspro-gramm erhalten wir ein vereinfachtes Buchungsjournal für die Jahre 2016 – 2018 sowie Kon-tenstammdaten. Die Daten, die ich zur Verfügung stelle sind selbst erstellte und vereinfachte Demodaten und enthalten dementsprechend weniger Konten, Datenfelder und Buchungen als ein echtes Buchungsjournal, zudem sind keine Kostenstellenangaben enthalten. Jedoch ist das Prinzip der Erstellung einer derartigen Auswertung identisch mit Echtdaten.
Zudem enthält die Datengrundlage noch Planwerte in einem separaten Tabellenreiter.
Ziel soll sein, aussagekräftige GuV Übersichten zu erstellen, aus denen auch hervorgeht, ob sich einzelne GuV Positionen besser oder schlechter entwickelt haben als sie geplant wurden. Außerdem sollen die GuV Positionen als KPIs im zeitlichen Verlauf dargestellt werden.

3.2 ETL Prozess

3.2.1 Dateien abfragen

Im ersten Schritt laden wir die Tabellenreiter „Buchungsjournal", „Kontenstammdaten" und „Plandaten" so wie sie sind zur weiteren Bearbeitung in Power Query. Die Tabellenreiter befinden sich in der Exceldatei „Buchungsjournal & Kontostammdaten" im Ordner Szenario 2.
Bei der Abfrage des Buchungsjournals ist darauf zu achten, dass die überflüssigen Spalten nicht mit abgefragt werden sollen. Weitere Änderungen an den Abfragen sind vorerst nicht vorzunehmen.
Machen wir uns zuerst einmal mit den Daten vertraut:

Buchungsjournal

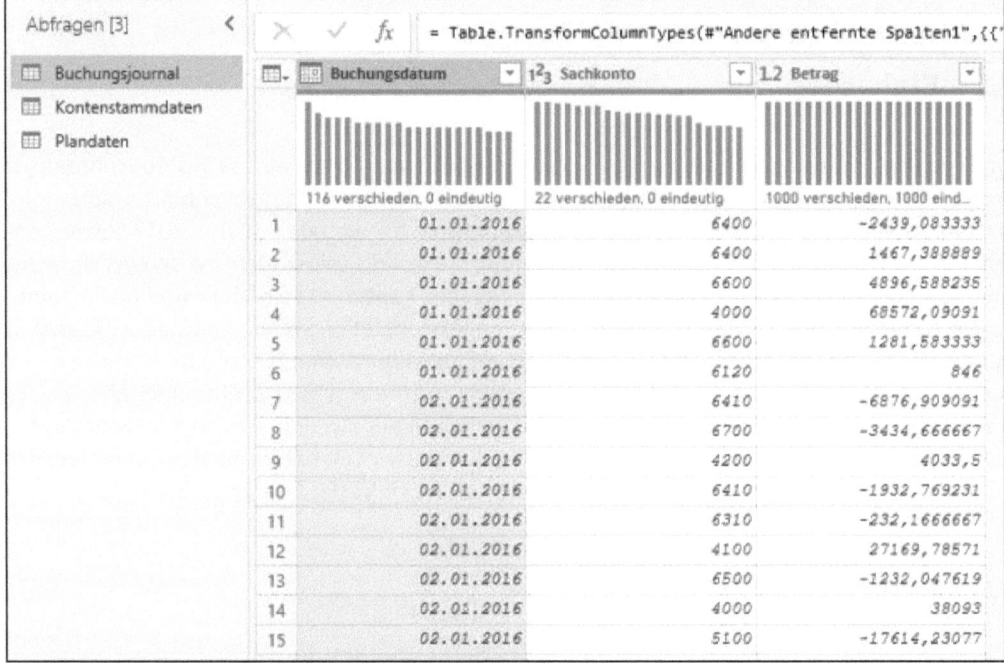

Das Buchungsjournal enthält Einzelbuchungen, die auf unterschiedlichen Konten im Buchhaltungsprogramm zu unterschiedlichen Zeitpunkten mit unterschiedlichen Beträgen vorgenommen wurden.

Folgende Spalten sind enthalten:

Buchungsdatum: Das genaue Datum, an dem eine Buchung vorgenommen wurde

Sachkonto: Das Sachkonto, auf welchem die Buchung vorgenommen wurde

Betrag: Der Wert, der verbucht wurde (Aufwände sind negativ, Erträge positiv dargestellt)

Kontenstammdaten

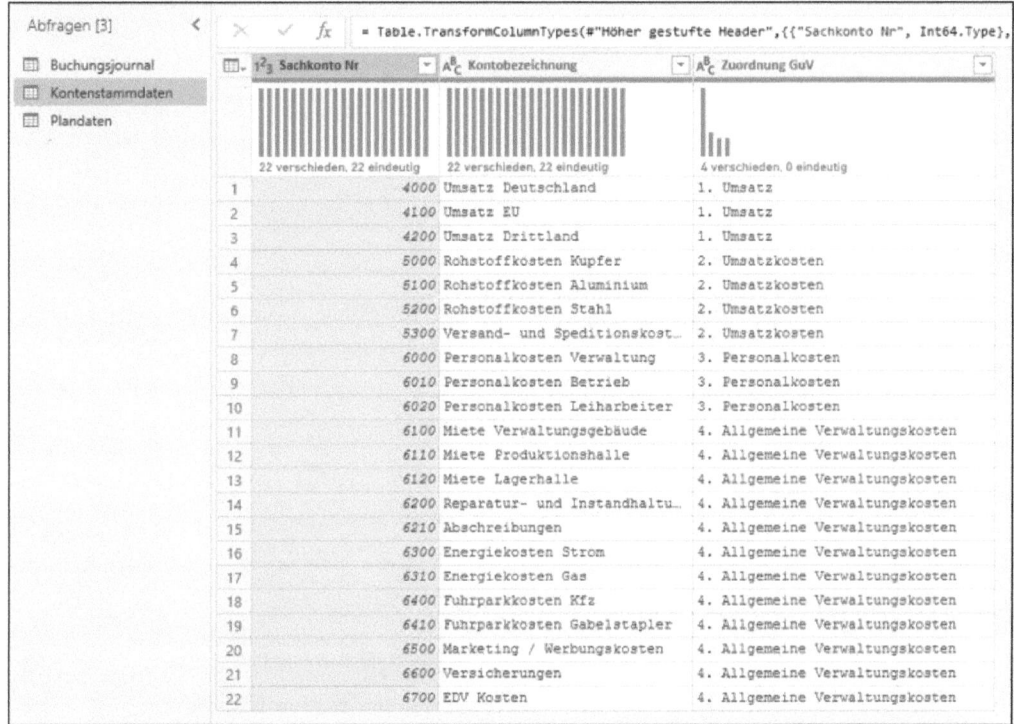

Die Kontenstammdaten enthalten zu jedem Sachkonto (siehe auch Buchungsjournal) die dazugehörige Kontenbezeichnung sowie die GuV Position, der das entsprechende Sachkonto zugeordnet ist. Eine GuV (Gewinn- und Verlust Rechnung) ist eine Übersicht über die wirtschaftliche Situation eines Unternehmens. Als Grundlage der GuV dienen die Daten aus der Buchhaltung. In der GuV werden die Summen (auch Salden genannt in diesem Kontext), die auf den einzelnen Sachkonten im Laufe der Zeit auflaufen in sogenannten GuV Positionen zusammengefasst und somit übersichtlicher und verdichtet dargestellt. Da wir mit dieser Tabelle quasi eine Anleitung mitbekommen haben, wie die GuV des Unternehmens aufgebaut sein soll, sollten wir auch in der Lage sein, die GuV in Power BI darzustellen.

Folgende Spalten sind enthalten:
Sachkonto Nr: Kontonummer des Sachkontos, identisch mit den verwendeten Nummern aus dem Buchungsjournal in der Spalte Sachkonto.
Kontobezeichnung: Bezeichnung des Sachkontos
Zuordnung GuV: Enthält die Info, zu welcher GuV Position das jeweilige Sachkonto zusammengefasst werden soll.

Plandaten

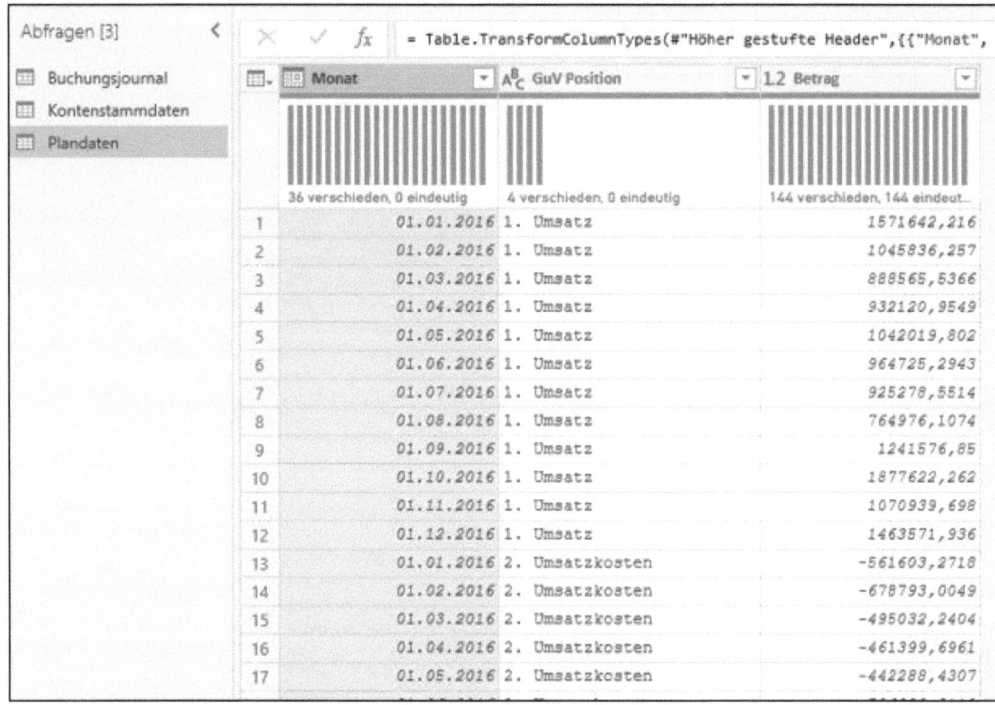

Anforderung an dieses Szenario ist es, ein Soll – Ist Vergleich zu erstellen. Die tatsächlich verbuchten Beträge (IST) befinden sich in der Abfrage „Buchungsjournal". Das „Soll", also die Beträge, die geplant waren, befinden sich in der Abfrage „Plandaten". Die Planung wurde nicht auf Buchungs- oder Sachkonto Ebene, sondern nur auf Ebene von GuV-Positionen vorgenommen. Das bedeutet, wir haben in der Planung (also im Soll) zu einem Monat und einer GuV Position immer einen einzigen Wert. Im „Ist" hingegen verbirgt sich hinter einem Wert für eine GuV-Position immer die Summe mehrerer Sachkonten, welche wiederum jeweils aus der Summe mehrerer Buchungen bestehen, die auf den jeweiligen Konten durchgeführt wurden. Der Unterschied zwischen Soll und Ist Daten ist in diesem Fall also zudem, dass sie in unterschiedlicher Granularität vorliegen. Eine Möglichkeit, wie man damit umgeht, ist Bestandteil dieses Szenarios.

Folgende Spalten sind enthalten:
Monat: Der Monat, für den ein Planwert / Sollwert eingetragen ist.
GuV Position: Die GuV-Position, für die der Planwert / Sollwert eingetragen ist.
Betrag: Der geplante Wert für die entsprechende GuV-Position im entsprechenden Monat.

Bisher habe ich gezeigt, wie man in Power BI (nicht in Power Query) ein Datenmodell aufbaut. Man hat mehrere Tabellen, setzt diese über eine Key-Spalte miteinander in Beziehung und kann anschließend Berechnungen durchführen und KPIs erstellen. Mit diesem Beispiel möchte ich einen anderen Weg gehen. Wir werden die drei vorhandenen Tabellen in Power Query so weit umformen, dass wir am Ende lediglich eine Tabelle haben, die wir in Power BI laden und uns als Grundlage für die Erstellung der KPIs und allen weiteren Anforderungen genügen wird. Vom Prinzip haben wir im Moment zwei Tabellen mit Bewegungsdaten unterschiedlicher Art (Soll und Ist Daten). Problem ist nur, die Daten liegen uns in unterschiedlicher Granularität vor. Das bedeutet in unserem Fall, die Ist-Daten sind wesentlich granularer aufbereitet. Uns liegen in der Tabelle Angaben zu Sachkonten und sogar einzelne Buchungen vor. An dieser Stelle müssen wir uns entscheiden, ob man den Weg geht, die detaillierteren Daten bereits in der Abfrage auf die Ebene GuV-Positionen zusammenzufassen oder ob man in der Abfrage die weniger granularen Daten (Plandaten in unserem Fall) auf Ebene des Buchungsjournals herabstuft und sozusagen einfach davon ausgeht, dass es sich um Einzelbuchungen handelt. In diesem Beispiel werden wir den zweiten Weg gehen. Wir werden also im Verlauf der nächsten Schritte die Plandaten an die Daten aus dem Buchungsjournal angleichen und zum Abschluss sämtliche Daten in eine Tabelle überführen, die wir dann in Power BI laden.

3.2.2 Spalten erstellen

Um die beiden Tabellen am Ende zusammenzuführen, ist es notwendig, dass beide Tabellen über identische Spalten verfügen. Dies bedeutet, wir werden im ersten Schritt die Tabellenstruktur der Plandaten an die Tabellenstruktur des Buchungsjournals anreichern. Wir werden die Plandaten also zuerst um die Spalten „Buchungsdatum", „Buchungsjournalnummer" und „Sachkonto" ergänzen.

3.2.3 Spalten duplizieren

Da die Plandaten nur auf Monatsebene geplant sind und wir kein Buchungsdatum im eigentlichen Sinne haben, duplizieren wir einfach die Spalte „Monat" und nennen das Duplikat um in „Buchungsdatum". Ein Rechtsklick auf die Spaltenüberschrift lässt im daraufhin erscheinenden Kontextmenü die Option „Spalte duplizieren" erscheinen, welche wir auswählen. Die neu erschienene Spalte ist ganz rechts angeordnet und trägt den Namen „Monat – Kopie". Wir benennen die Spalte um in „Buchungsdatum" und ordnen sie wie im Buchungsjournal ganz links an.

3.2.4 Benutzerdefinierte Spalte einfügen

Als nächstes fügen wir die Spalte „Sachkonto" ein. Da die Planung nicht auf Sachkontoebene durchgeführt wurde, sondern bereits auf einer höheren Ebene aggregiert ist, ist es für unsere späteren Auswertungen völlig egal, welche Sachkontonummer die Plan-Datensätze enthalten. Es ist lediglich wichtig, dass die Spalte vorhanden ist und sie Zahlenwerte enthält, um sie später mit der Tabelle „Buchungsjournal" vereinen zu können. Wir fügen deshalb jetzt nach der Spalte Monat eine benutzerdefinierte Spalte mit dem Namen „Sachkonto" ein. Da wie gesagt die Kontonummer nicht relevant ist, soll in jeder Zeile der Wert 9999 stehen.
Hierzu gehen Sie auf das Menüband „Spalte hinzufügen" und betätigen den Button „Benutzerdefinierte Spalte".

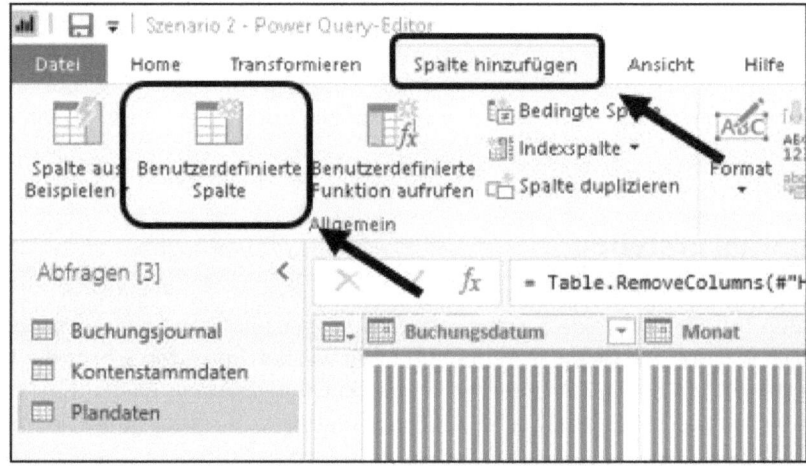

Es öffnet sich ein weiteres Menü, in welchem wir den Inhalt der neuen Spalte definieren können. Wir können der neuen Spalte hier direkt einen Namen geben (später auf dem gewohnten Wege allerdings auch noch möglich), den Inhalt der Spalte über eine Formel in der Sprache „M" definieren und im rechten Bereich können wir direkt durch Doppelkick auf die Spaltennamen die jeweilige Spalte in die Formel mit einbinden, ohne sie ausschreiben zu müssen.
Da wir in der neuen Spalte Sachkonto lediglich in jeder Zeile die Zahl 9999 sehen möchten, gestaltet sich die Definition der Spalte hier sehr einfach. Wir benennen die Spalte mit „Sachkonto" und schreiben in den Formelbereich lediglich:
=9999

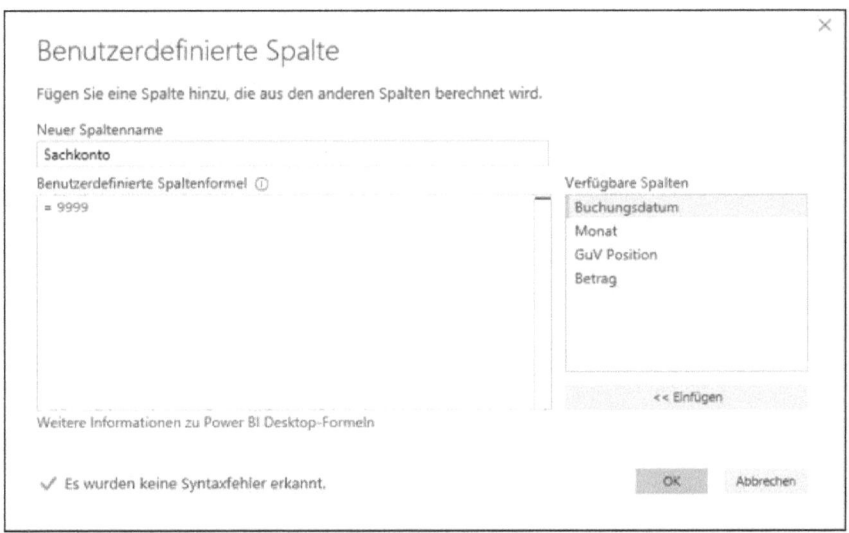

Und bestätigen mit Ok. Das Ergebnis ist wie gewünscht die Spalte Sachkonto mit dem Wert 9999 in jeder Zeile. Den Datentyp ändern wir auf Ganze Zahl und schieben die Spalte zwischen die Spalten „Monat" und „GuV Position".

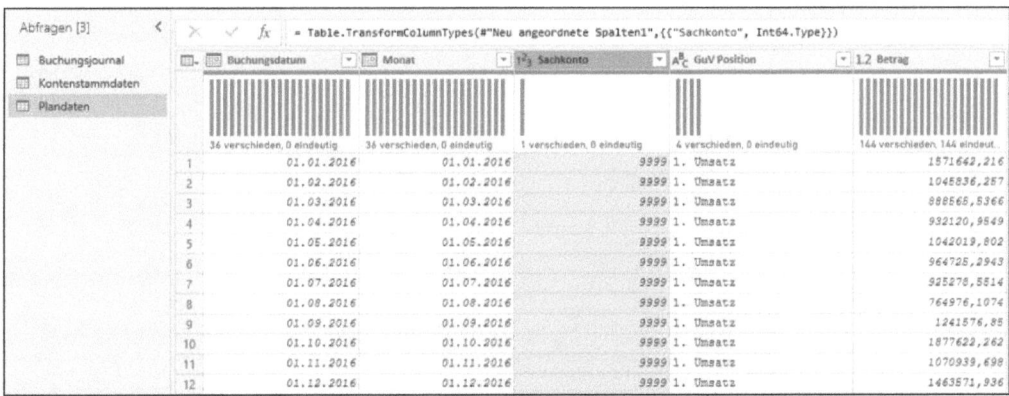

Zu guter Letzt müssen wir der Tabelle „Plandaten" noch eine Spalte hinzufügen, aus welcher eindeutig erkennbar ist, dass es sich um Plandaten handelt. Derzeit ist dies eindeutig, da wir uns ja in der Tabelle „Plandaten" befinden. Aber wenn wir in späteren Schritten die Plandaten mit den IST Daten zusammenführen, wird es von Vorteil sein, wenn wir über eine Spalte verfügen, aus welcher eindeutig die Art der Daten hervorgeht. Die Spalte nennen wir „Datenart" und fügen Sie ans Ende der Tabelle an. Sie soll in jeder Zeile den Wert „Plan" als Text enthalten. Hierbei ist genauso vorzugehen wie bei der Spalte Sachkonto, jedoch ist in diesem

Fall darauf zu achten, dass das Wort Plan in Anführungszeichen gesetzt wird, da es sich um einen Textwert handelt.

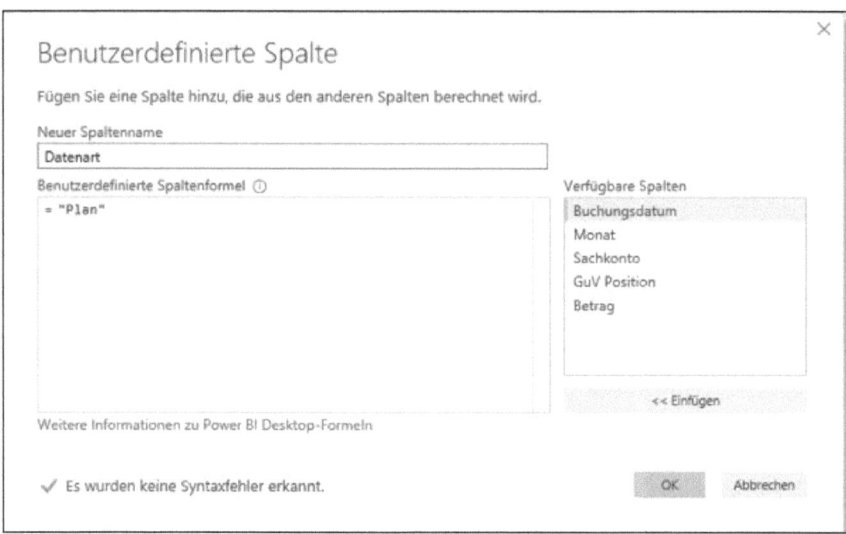

Im Anschluss den Datentyp der Spalte bitte noch auf Text abändern.

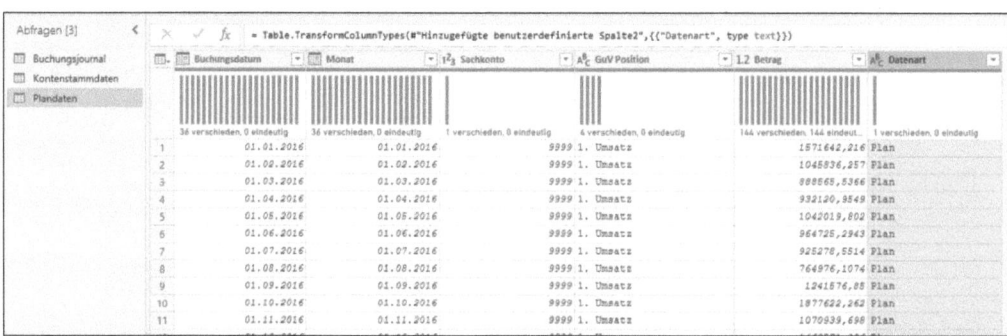

Somit wäre die Tabelle „Plandaten" fertig bearbeitet. Wenn wir die Tabellenstruktur der Tabelle „Buchungsjournal" mit der Struktur der Tabelle „Plandaten" vergleichen, stellen wir fest, dass im Buchungsjournal die Spalten „Monat", „GuV Position" und „Datenart" noch nicht vorhanden sind. Diese gilt es nun zu ergänzen. Als erstes fügen wir in identischer Vorgehensweise wie im letzten Schritt die Spalte „Datenart" mit dem Wert „Ist" der Tabelle Buchungsjournal hinzu und achten darauf, dass diese ebenso den Datentyp „Text" erhält und am Ende steht, genauso wie in der Tabelle „Plandaten".

3.2.5 Spalte aus Beispielen einfügen

Nach der Spalte „Datenart" fügen wir die Spalte „Monat" dem Buchungsjournal hinzu. Es gibt mehrere Möglichkeiten, diese Spalte auf Basis der Spalte „Buchungsdatum" zu errechnen. Wir entscheiden uns an dieser Stelle für die Methode, den Spalteninhalt aus Beispielen zu errechnen. Hierzu markieren wir in der Tabelle „Buchungsjournal" die Spalte „Buchungsdatum" und treffen anschließend die Auswahl im Menüband „Spalte hinzufügen", „Spalte aus Beispielen", „Aus Auswahl".

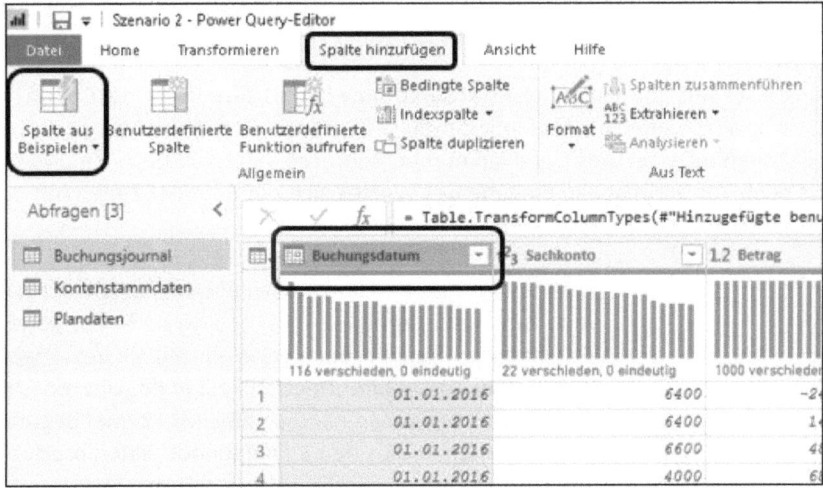

Die Ansicht ändert sich etwas nach der Betätigung. Viele Funktionen werden ausgegraut und ganz rechts erscheint eine neue, leere Spalte mit der Bezeichnung „Spalte1".

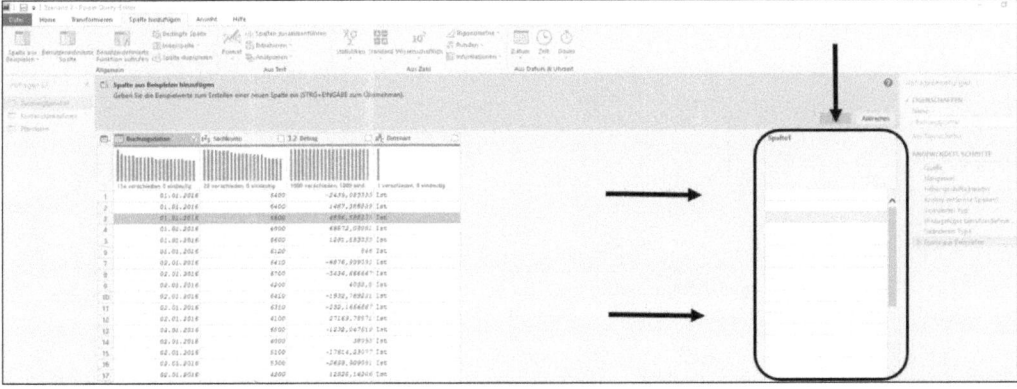

Zuerst benennen wir die Spalte um zu „Monat". In den leeren Zeilen können wir nun Werte eingeben, die die neue Spalte enthalten soll. Power Query versucht, aufgrund unserer Eingaben eine passende Formel in „M" dazu zu verfassen und wenn dies gelingt, haben wir so auf einfache Art und Weise die Spalte Monat ausgehend von der Spalte „Buchungsdatum" erstellt. In den Plandaten ist je Monat ein Datum angegeben (und zwar immer der Monatserste) und so müssen wir auch die Spalte „Monat" in der Tabelle „Buchungsjournal" gestalten, um später einfache Auswertungen auf Monatsbasis erstellen zu können. Geben wir nun also in mehreren Zeilen die Werte ein, die die neue Spalte enthalten soll. Die Eingabe muss hierbei zu dem Wert in der Spalte „Buchungsdatum" passen. Wenn dort zum Beispiel 03.01.2016 steht, müssen wir 01.01.2016 eingeben. Wenn dort 15.02.2016 steht, müssen wir 01.02.2016 eingeben usw.

Wenn ich in dieser Ansicht nach unten scrolle komme ich bis zum Buchungsdatum 11.01.2016, was also bedeutet, dass in jeder dieser Zeilen in der Spalte Monat der 01.01.2016 stehen müsste. Dies trage ich nun in mehreren leeren Feldern ein und man kann sehen, dass nach der dreimaligen Eingabe des Wertes sich der Rest der Zeilen mit dem 01.01.2016 in hellem grau füllen.

Dies schaut nun auf dem ersten Blick völlig korrekt aus, doch man kann jetzt bereits sehen, dass wir nicht das gewünschte Ergebnis erhalten werden, wenn wir mit Ok bestätigen. In dem etwas dunkelgrau hinterlegtem Feld in der oberen Mitte des Bildschirms kann man nämlich die „M" Formel begutachten, die Power Query aus den 3 Eingabebeispielen produziert hat.

Wie wir sehen, lautet die von Power Query erstellte Formel:

="01.01.2016"

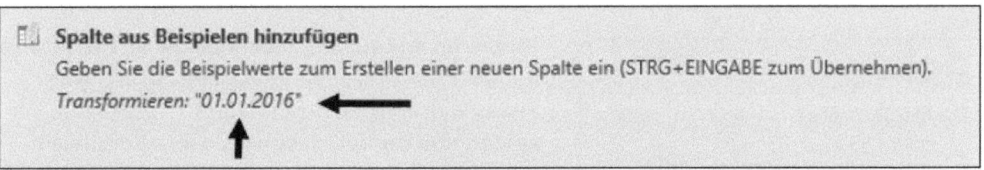

Wie wir bereits gelernt haben, wird die Spalte „Monat" somit in jeder Zeile den Wert „01.01.2016" enthalten. Dies ist nicht das gewünschte Ergebnis. Problem an dieser Stelle ist, dass uns für die Berechnung der Spalte aus Eingabebeispielen nur eine begrenzte Anzahl an Referenzdatensätzen zur Verfügung stehen, nämlich nur die bis zum 11.01.2016. Wir werden an dieser Stelle also ein wenig tricksen, um doch noch das richtige Ergebnis zu erhalten. Klicken wir an dieser Stelle anstatt auf Ok also erstmal auf Abbrechen. Der Trick besteht nun darin, dass wir die Anzahl der Datensätze für die Erstellung der Spalte „Monat" auf so wenige reduzieren, dass wir eine größere Auswahl an Referenzdaten zur Verfügung bekommen. Nach Erstellung der Spalte Monat werden wird die Datenbasis wieder vervollständigen.

Eine einfache Möglichkeit, um die Anzahl der Datensätze sinnvoll zu verringern, besteht darin, aus der Spalte „Buchungsdatum" sämtliche Duplikate zu entfernen.

Bevor wir jedoch überhaupt etwas tun, werfen wir zur Verdeutlichung der folgenden Vorgehensweise einen kurzen Blick auf die bisher angewendeten Schritte am rechten Bildschirmrand:

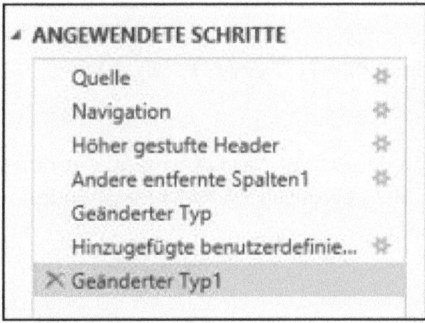

Wir befinden uns derzeit beim Schritt „Geänderter Typ1". Mit jeder vorgenommenen Umformung wird ein weiterer Schritt hinzugefügt. Fügen wir jetzt den Schritt hinzu, der sämtliche Duplikate aus der Spalte „Buchungsdatum" entfernt.

Markieren Sie hierzu die Spalte Buchungsdatum und wählen anschließend im Menüband „Home" die Funktion „Zeilen entfernen", „Duplikate entfernen".

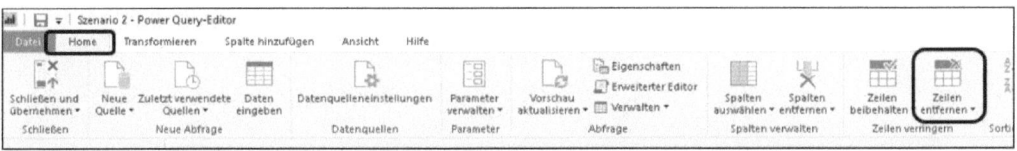

Man kann nun bereits auf dem ersten Blick erkennen, dass wir von Beginn der Tabelle, ohne nach unten zu scrollen bereits Daten bis zum 29.01.2016 sehen können. Zudem sehen wir, dass dieser Schritt natürlich auch unter den angewendeten Schritten aufgezeichnet wurde und die Liste somit einen Schritt mehr enthält als auf dem letzten Screenshot.

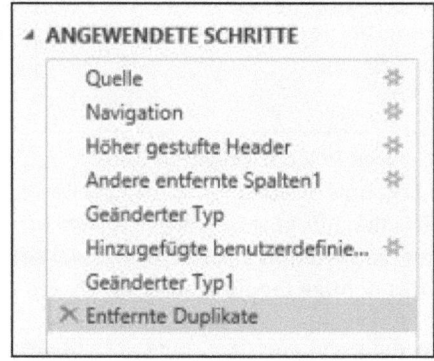

ANGEWENDETE SCHRITTE

Quelle
Navigation
Höher gestufte Header
Andere entfernte Spalten1
Geänderter Typ
Hinzugefügte benutzerdefinie...
Geänderter Typ1
Entfernte Duplikate

Probieren wir nun noch einmal, die Spalte Monat mit der Funktion „Spalte aus Beispielen" wie etwas weiter oben beschrieben zu erzeugen. Wir achten nun darauf, dass wir unsere Beispieleingaben nicht alle in einem Monat vornehmen, sondern verteilt über die zur Verfügung stehenden Monate. Wie wir jetzt sehen können, stehen uns Referenzdaten bis zum April 2016 anstatt nur bis zum 11.01.2016 zur Verfügung. Wenn wir dies getan haben, werfen wir einen Blick auf die von Power Query generierte Formel und können einen deutlichen Unterschied zu der ersten Version

feststellen (obwohl wir nach derzeitigem Wissensstand diese Formel noch nicht interpretieren können). Wir versuchen also, ob diese Formel für alle Datumswerte den korrekten Wert ausgibt und bestätigen mit Ok.

Spalte aus Beispielen hinzufügen
Geben Sie die Beispielwerte zum Erstellen einer neuen Spalte ein (STRG+EINGABE zum Übernehmen).
Transformieren Text.Combine({Text.Middle(Date.ToText([Buchungsdatum], "yyyy"), 1, 2), Text.Middle(Text.From([Buchungsdatum], "de-DE"), 2)})

```
Text.Combine({Text.Middle(Date.ToText([Buchungsdatum], "yyyy"), 1, 2),
Text.Middle(Text.From([Buchungsdatum], "de-DE"), 2)})
```

Wir führen eine kurze Validierung des Ergebnisses durch, indem wir das Filtermenü der neuen Spalte öffnen und glücklicherweise feststellen, dass alle gewünschten Werte vorhanden sind.

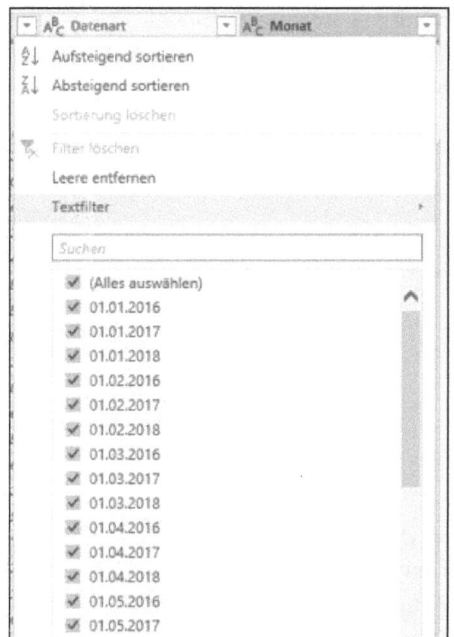

Jetzt werden wir uns erstmal darum kümmern, dass wir wieder alle Datensätze des Buchungsjournal zurückerhalten. Schauen wir dazu wieder auf die bisher angewendeten Schritte.

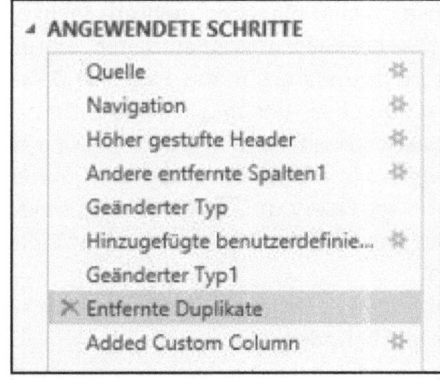

Die Lösung ist auch an dieser Stelle sehr einfach. Wir haben die Möglichkeit, mit dem X links neben den einzelnen Schritten den Schritt zu löschen.

Dies ist grundsätzlich mit Vorsicht zu genießen, da die einzelnen Schritte aufeinander aufbauen. Wenn man beispielsweise in einem Schritt eine Spalte erzeugt, diese Spalte in einem späteren Schritt umbenennt und anschließend den Schritt zur Erzeugung der Spalte löscht, wird die Abfrage nicht mehr funktionieren, da sie im späteren Schritt eine nicht vorhandene Spalte umbenennen soll.

In diesem Fall können wir den Schritt, mit welchem wir die Duplikate entfernt haben, jedoch ohne Bedenken mit Klick auf das X löschen, da es nur einen Folgeschritt gibt und dieser Unabhängig davon funktioniert, wie viele Datensätze die Tabelle enthält.

Nach dem Löschen des Schrittes „Entfernte Duplikate" ändern wir den Datentyp der neuen Spalte noch auf „Datum" und verschieben sie an die korrekte Stelle zwischen „Buchungsdatum" und „Sachkonto" – wie in der Tabelle „Plandaten".

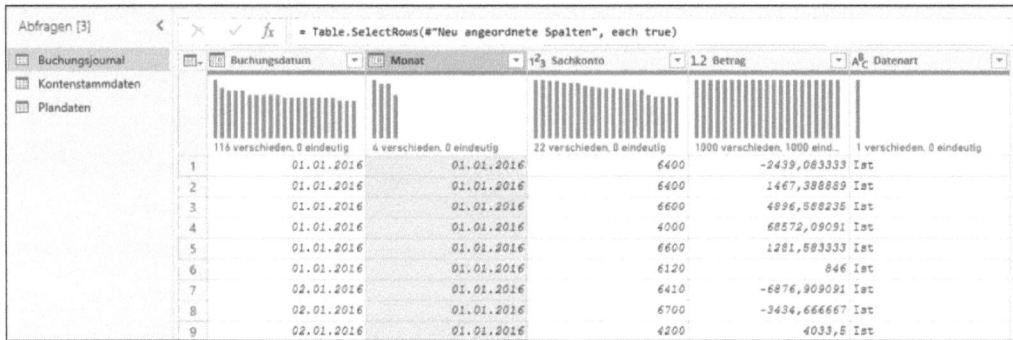

Bitte nicht darüber wundern, dass im Spaltenprofil nur 4 unterschiedliche Werte für die Spalte „Monat" angegeben werden. Dies liegt darin begründet, dass für dieses Profil lediglich die ersten 999 Datensätze der Tabelle herangezogen werden.

3.2.6 Abfragen zusammenführen

Als letzte Spalte fehlt in der Tabelle „Buchungsjournal" noch die Spalte „Guv Position". Zur Erinnerung: Die GuV Positionen ist eine Verdichtung der Sachkonten. Also jedes Sachkonto lässt sich einer GuV Position zuordnen, jeder GuV Position sind hingegen mehrere Sachkonten zugeordnet. Würden wir das Datenmodell auf bisher bekanntem Weg aufbauen, würden wir einfach die Tabelle „Buchungsjournal" und „Kontenstammdaten" in das Power BI Datenmodell laden und eine 1 zu n Beziehung aufbauen, wodurch es uns möglich wäre, Berechnungen und Filterungen tabellenübergreifend vorzunehmen. In Excel würde man sich die entsprechenden GuV Positionen mit Hilfe des S-Verweises in die Tabelle „Buchungsjournal" holen. Dies müssen wir vom Prinzip her nun auch in Power Query tun, da wir ja alle relevanten Daten in einer Tabelle haben möchten, jedoch ist das Vorgehen hierzu in Power Query sogar noch einfacher als einen S-Verweis zu schreiben.
Im Menüband „Home" befindet sich die Funktion „Abfragen zusammenfügen", diese klicken wir an während wir uns in der Tabelle „Buchungsjournal" befinden.

Es erscheint ein neues Fenster.

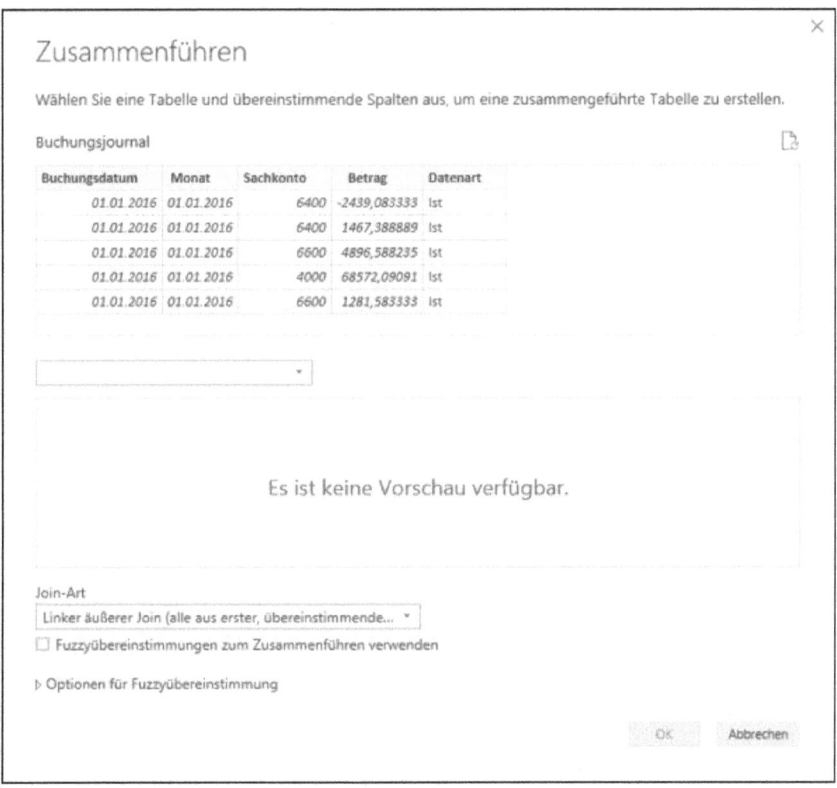

Im oberen Bereich ist die Tabelle „Buchungsjournal" in Kurzübersicht mit allen verfügbaren Spalten zu sehen. Darunter sehen wir ein Auswahlfeld. Hier wird die Tabelle ausgewählt, mit der die Daten kombiniert werden sollen, also in unserem Fall Kontenstammdaten. Daraufhin erscheint im unteren Fenster eine Kurzübersicht der Tabelle „Kontenstammdaten". Nun müssen die Spalten ausgewählt werden, die als Key zwischen den beiden Tabellen fungieren, also die Spalte „Sachkonto" im Buchungsjournal und die Spalte „Sachkonto Nr" in den Kontenstammdaten. Die gewünschten Spalten werden in den Kurzübersichten einfach einmal angeklickt, so dass sie grau hinterlegt werden. Wenn alles funktioniert und die beiden Spalten untereinander kompatibel sind (gleiche Datentypen, übereinstimmende Werte), wird ganz unten angezeigt, wie viele Werte übereinstimmen. Dies sind im Idealfall (wie hier auch) alle Werte. Sämtliche weiteren Einstellungsmöglichkeiten lassen wir unbeachtet und klicken auf Ok.

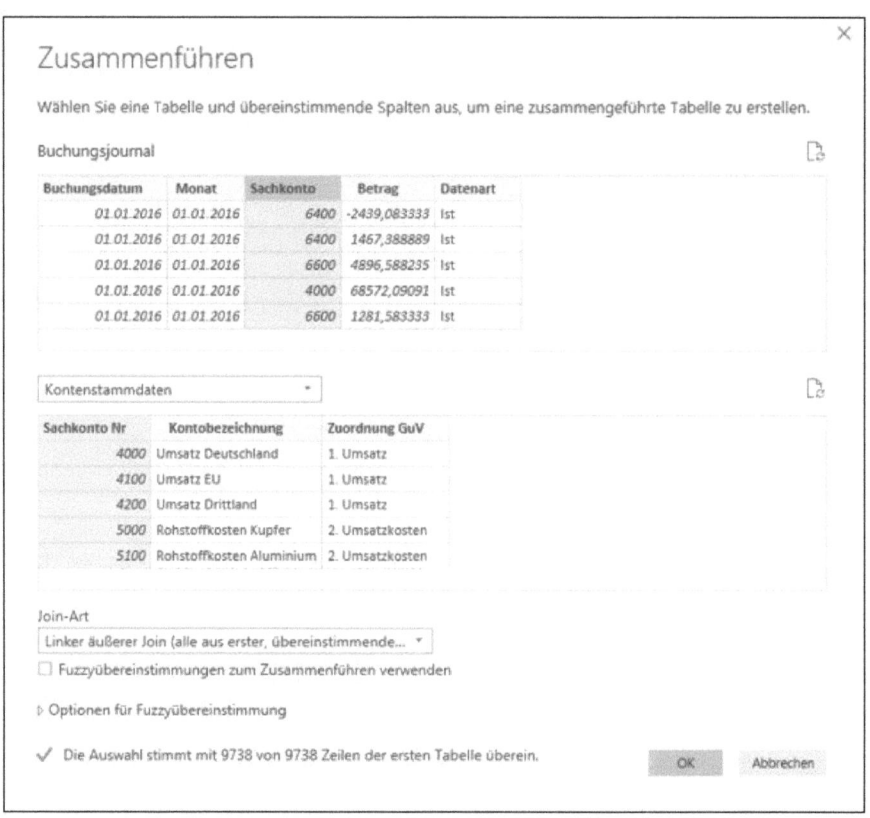

Zusammenführen

Wählen Sie eine Tabelle und übereinstimmende Spalten aus, um eine zusammengeführte Tabelle zu erstellen.

Buchungsjournal

Buchungsdatum	Monat	Sachkonto	Betrag	Datenart
01.01.2016	01.01.2016	6400	-2439,083333	Ist
01.01.2016	01.01.2016	6400	1467,388889	Ist
01.01.2016	01.01.2016	6600	4896,588235	Ist
01.01.2016	01.01.2016	4000	68572,09091	Ist
01.01.2016	01.01.2016	6600	1281,583333	Ist

Kontenstammdaten ▾

Sachkonto Nr	Kontobezeichnung	Zuordnung GuV
4000	Umsatz Deutschland	1. Umsatz
4100	Umsatz EU	1. Umsatz
4200	Umsatz Drittland	1. Umsatz
5000	Rohstoffkosten Kupfer	2. Umsatzkosten
5100	Rohstoffkosten Aluminium	2. Umsatzkosten

Join-Art

Linker äußerer Join (alle aus erster, übereinstimmende... ▾

☐ Fuzzyübereinstimmungen zum Zusammenführen verwenden

▷ Optionen für Fuzzyübereinstimmung

✓ Die Auswahl stimmt mit 9738 von 9738 Zeilen der ersten Tabelle überein.

[OK] [Abbrechen]

	Buchungsdatum ▾	Monat ▾	1²₃ Sachkonto ▾	1.2 Betrag ▾	Aᴮ_C Datenart ▾	Kontenstammdaten
	116 verschieden, 0 eindeutig	4 verschieden, 0 eindeutig	22 verschieden, 0 eindeutig	1000 verschieden, 1000 eind...	1 verschieden, 0 eindeutig	
1	01.01.2016	01.01.2016	6400	-2439,083333	Ist	Table
2	01.01.2016	01.01.2016	6400	1467,388889	Ist	Table
3	01.01.2016	01.01.2016	6600	4896,588235	Ist	Table
4	01.01.2016	01.01.2016	4000	68572,09091	Ist	Table
5	01.01.2016	01.01.2016	6600	1281,583333	Ist	Table
6	01.01.2016	01.01.2016	6120	846	Ist	Table
7	02.01.2016	01.01.2016	6410	-6876,909091	Ist	Table
8	02.01.2016	01.01.2016	6700	-3634,666667	Ist	Table
9	02.01.2016	01.01.2016	4200	4033,5	Ist	Table

Es erscheint in der Tabelle Buchungsstammdaten eine neue Spalte mit der Bezeichnung „Kontenstammdaten", also der Name der verknüpften Tabelle. Mit dem Tabelleninhalt können wir so wie er jetzt ist, jedoch noch nicht viel anfangen. Hinter dem Wert „Table" versteckt sich für jeden Datensatz der Tabelle „Buchungsjournal" der entsprechende Datensatz aus der Tabelle „Kontenstammdaten". Man kann diesen Datensatz auch einsehen, indem man auf einen leeren Bereich einer Zelle klickt, die den Wert „Table" erhält (nicht direkt auf das Wort Table klicken, denn dadurch wird ein neuer, unerwünschter Abfrageschritt eingefügt). Der Inhalt des Datensatzes erscheint im unteren Bereich des Bildschirms. Wir benötigen aus diesem Datensatz lediglich die Information „Zuordnung GuV".

25	03.01.2016	01.01.2016	6400	-840,25	Ist	Table
26	03.01.2016	01.01.2016	6200	-1307,166667	Ist	Table
27	03.01.2016	01.01.2016	5000	-11213,93333	Ist	Table
28	03.01.2016	01.01.2016	6010	-15413,15385	Ist	Table
29	04.01.2016	01.01.2016	5000	-8090,933333	Ist	Table
30	04.01.2016	01.01.2016	6600	3345,133333	Ist	Table

Sachkonto Nr	Kontobezeichnung	Zuordnung GuV
5000	Rohstoffkosten Kupfer	2. Umsatzkosten

Sachkonto Nr	Kontobezeichnung	Zuordnung GuV
5000	Rohstoffkosten Kupfer	2. Umsatzkosten

Um für jede Zeile im Buchungsjournal diesen Wert zu erhalten, klicken wir auf die auseinanderlaufenden Pfeile neben der Spaltenbezeichnung „Kontenstammdaten" in der Tabelle „Buchungsjournal" (siehe nächster Screenshot).

Hierdurch können wir die Spalte mit dem derzeit noch unbrauchbaren Ausdruck „Table" sozusagen aufklappen und die Tabelle „Buchungsjournal" um die gewünschten Informationen aus der Tabelle „Kontenstammdaten" anreichern. Wir wählen also nur „Zuordnung GuV" aus und entfernen den Haken bei „Ursprünglichen Spaltennamen als Präfix verwenden" und erhalten anschließend das gewünschte Ergebnis. Es muss lediglich noch die neue Spalte zu „GuV Position" umbenannt werden und an die richtige Stelle, also zwischen die Spalten „Sachkonto" und „Betrag" verschoben werden.

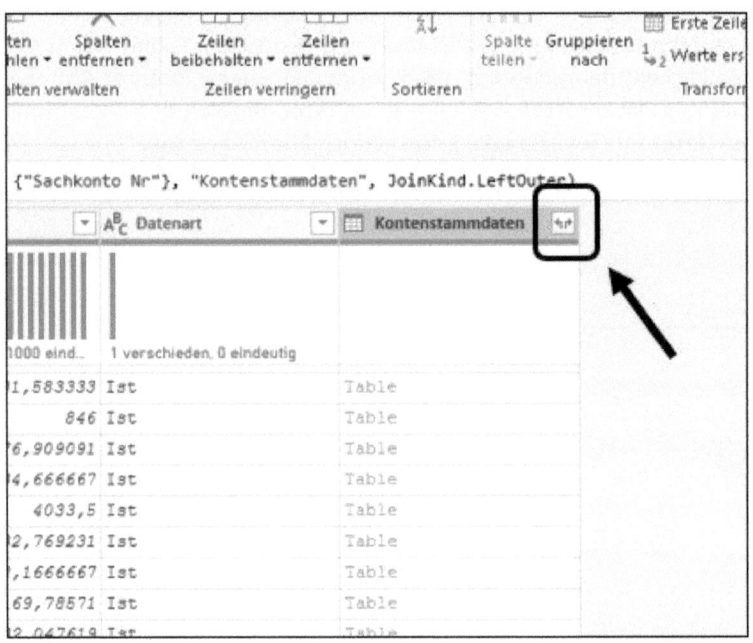

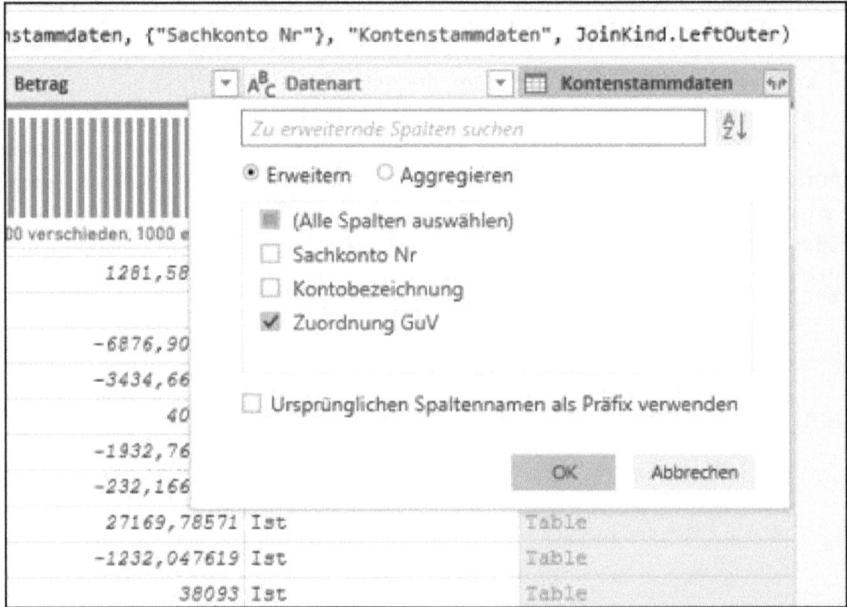

Somit sind wir unserem Ziel, die Ist und Plandaten in einer Tabelle in Power Query zu vereinen bereits ein großes Stück nähergekommen. Uns liegen nun zwei Tabellen mit identischer Struktur vor, die jetzt nur noch aneinandergefügt werden müssen.

Buchungsdatum	Monat	Sachkonto	GuV Position	Betrag	Datenart
116 verschieden, 0 eindeutig	4 verschieden, 0 eindeutig	22 verschieden, 0 eindeutig	4 verschieden, 0 eindeutig	1000 verschieden, 1000 eind...	1 verschieden, 0 eindeutig
1 01.01.2016	01.01.2016	6400	4. Allgemeine Verwaltung...	-2439,083333	Ist
2 01.01.2016	01.01.2016	6400	4. Allgemeine Verwaltung...	1467,388889	Ist
3 01.01.2016	01.01.2016	4000	1. Umsatz	68572,09091	Ist
4 02.01.2016	01.01.2016	4000	1. Umsatz	38093	Ist
5 02.01.2016	01.01.2016	4000	1. Umsatz	51027,33333	Ist
6 03.01.2016	01.01.2016	4000	1. Umsatz	44817,25	Ist
7 02.01.2016	01.01.2016	4100	1. Umsatz	27169,78571	Ist
8 01.01.2016	01.01.2016	6600	4. Allgemeine Verwaltung...	4896,588235	Ist
9 01.01.2016	01.01.2016	6600	4. Allgemeine Verwaltung...	1281,583333	Ist
10 02.01.2016	01.01.2016	4200	1. Umsatz	4033,5	Ist
11 02.01.2016	01.01.2016	4200	1. Umsatz	12826,14286	Ist
12 02.01.2016	01.01.2016	5100	2. Umsatzkosten	-17614,23077	Ist

3.2.7 Tabellen anfügen

Um die Tabellen „Buchungsjournal" und „Plandaten" zu vereinen, klicken wir im Menüband „Home" ganz rechts auf den kleinen Pfeil neben „Abfragen anfügen" und wählen „Abfragen als neu anfügen".

Im nun erscheinenden Fenster klicken wir „Zwei Tabellen" an und wählen die Tabellen „Buchungsjournal und „Plandaten" aus und klicken auf Ok. Als Ergebnis erhalten wir die gewünschte Tabelle mit sämtlichen Datensätzen in Form einer komplett neuen Abfrage. Diese benennen wir noch um in „Datensätze".

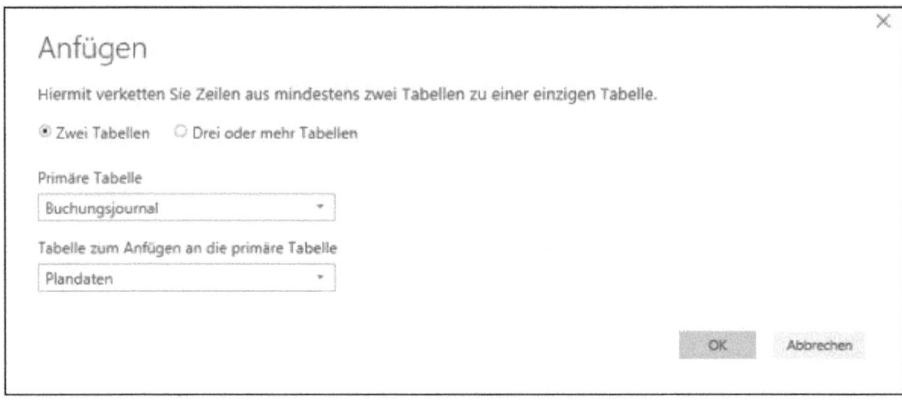

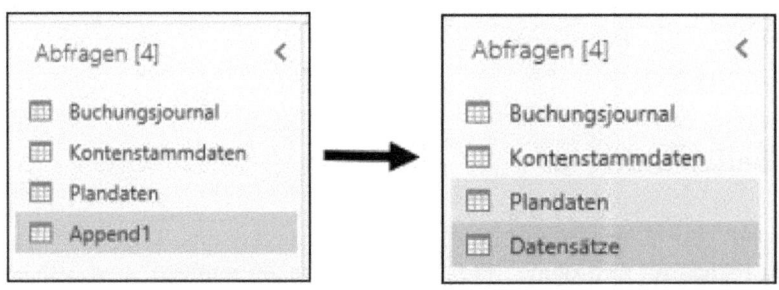

Wir haben sämtliche Daten, die wir benötigen in einer Tabelle vereint und könnten mit „Schließen und übernehmen" Power Query verlassen und mit den Daten in Power BI weiterarbeiten. Da wir nun alle benötigten Daten in einer Tabelle vorliegen haben, benötigen wir die anderen Tabellen auch nicht mehr in Power BI. Es gibt eine Möglichkeit, zu konfigurieren, welche Tabellen überhaupt in Power BI geladen werden sollen. Hierzu machen wir nacheinander einen Rechtsklick auf die Drei Abfragen, die wir nicht in Power BI laden möchten (also alle bis auf „Datensätze" und entfernen den Haken bei „Laden". Ob es funktioniert hat, ist auf dem ersten Blick daran zu erkennen, dass sich die Schriftart der Abfrage zu kursiv geändert hat.

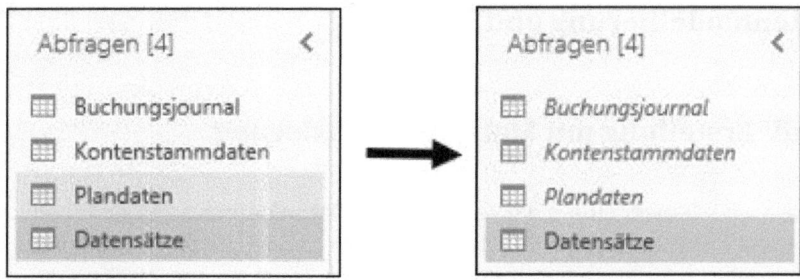

Bei Aktualisierung des Berichts werden die in kursiv gehaltenen Abfragen mit aktualisiert, da sie ja auch notwendig sind für die Erstellung der Abfrage „Datensätze", jedoch werden diese nicht mit in Power BI geladen.

Somit sind die Arbeiten in Power Query abgeschlossen und wir können mit „Schließen und übernehmen" Power Query verlassen.

3.3 Datenmodellierung und Reporting

3.3.1 GuV Erstellung mit Matrix Visualisierung

Dadurch, dass wir in Power Query die vorhandenen Daten bereits zu einer Tabelle zusammengefügt haben, fällt bereits ein Teil der Tätigkeiten bei der weiteren Datenmodellierung weg. Da es nur eine Tabelle als Datengrundlage gibt, müssen wir uns nicht die Mühe machen, mehrere Tabellen zueinander in Beziehung zu setzen. Zuerst gehen wir in den Datenbereich und verfeinern die Formatierung der Spalten „Buchungsdatum", „Monat" und „Betrag". Wir nehmen die Änderungen im Menüband „Modellierung" , „Formatierung", „Format" wie auf dem Screenshot zu sehen vor. Den Datentyp ändern wir nicht, da wir diesen bereits in Power Query korrekt definiert haben.

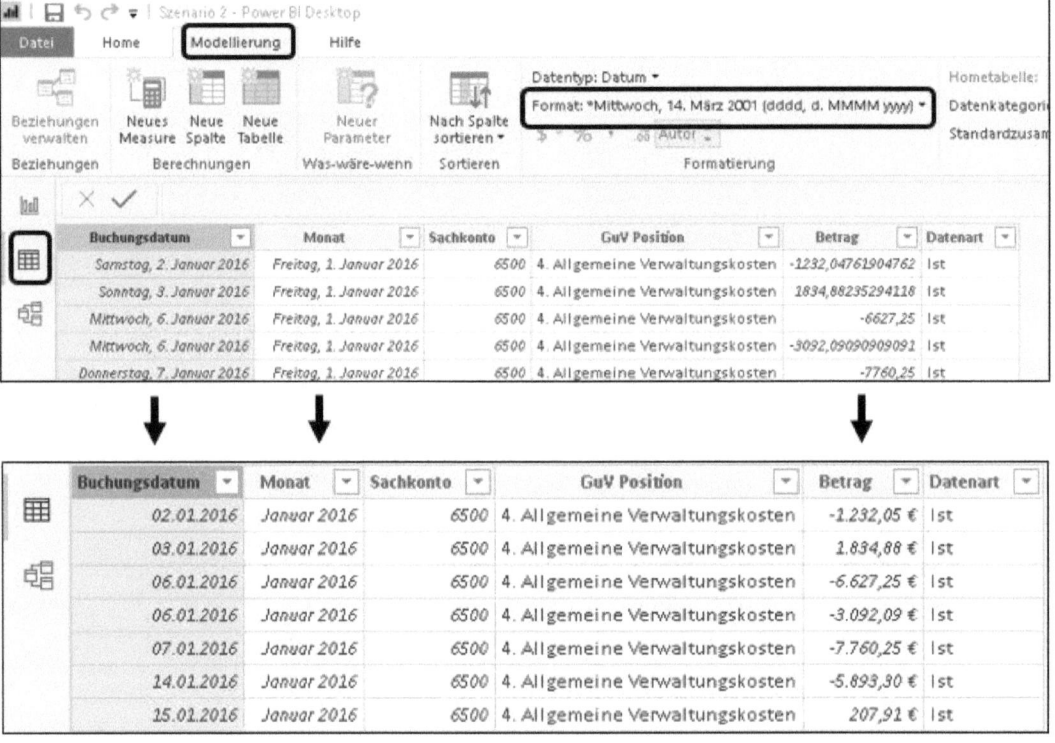

Zuerst werden wir aus den Rohdaten in Datensatzform eine für das menschliche Auge lesba-re und interpretierbare GuV im zeitlichen Verlauf erstellen. Hierzu erstellen wir eine Matrix Visualisierung mit im folgenden Screenshot sichtbaren Setup. Die Spalte Monate wird hierbei nicht als Hierarchie genutzt.

Das Ergebnis ist eine wunderbar struktu-rierte GuV im monatlichen Verlauf. Da die Erträge positiv und die Verluste mit negativem Vorzeichen versehen sind, können wir in der Gesamtsumme das Ergebnis des jeweiligen Monats im zeitli-chen Verlauf betrachten.

GuV Position	Januar 2016	Februar 2016	März 2016	A
1. Umsatz	3.044.596,50 €	1.929.143,91 €	1.892.594,39 €	1
2. Umsatzkosten	-1.200.514,84 €	-1.418.218,94 €	-1.112.279,42 €	-1
3. Personalkosten	-622.975,44 €	-612.945,33 €	-627.662,90 €	
4. Allgemeine Verwaltungskosten	-241.483,84 €	-255.646,09 €	-239.420,21 €	
Gesamt	979.622,37 €	-357.666,45 €	-86.768,15 €	

Es ist zu bedenken, dass wir in diesem Fall sämtliche Daten für die jeweiligen Monate angezeigt bekommen, also IST und Plandaten. Dies können wir für diese Ansicht beheben bzw. sogar selbst auswählbar für den User machen, indem wir einfach einen Datenschnitt einfügen, welcher sich auf die Spalte „Datenart" bezieht.

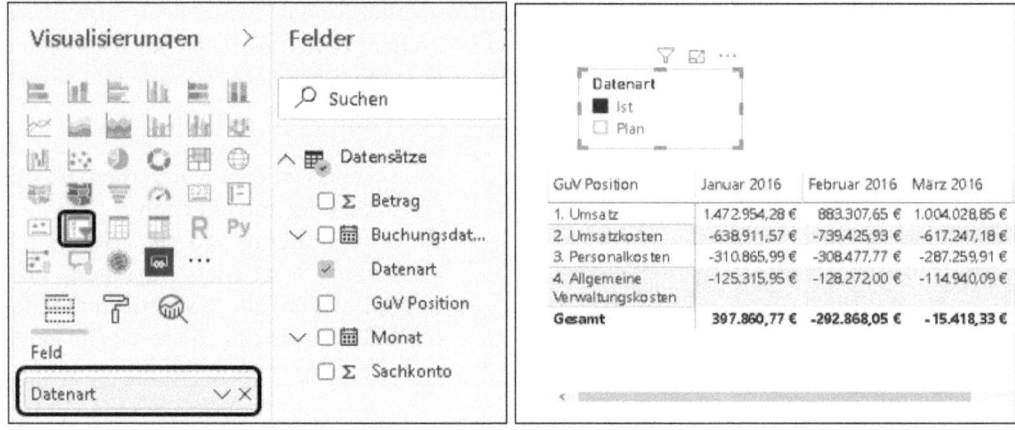

Der User kann nun durch die getroffene Auswahl im Slicer wählen, ob ihm die GuV Daten mit IST- oder mit Plandaten angezeigt werden sollen.

Weiterhin ist auffällig, dass der Platz, auf der uns zur Verfügung stehenden Seite nicht ausreichend ist, um die GuV für ein ganzes Jahr anzuzeigen, ohne mit dem Schieberegler in der Tabellenvisualisierung nach rechts zu gehen. Dieses werden wir als nächstes beheben.

3.3.2   Measures mit switch() wechseln

Um dies zu ermöglichen, werden wir die Werte in der GuV auf Tausender mit einer Nachkommastelle anzeigen. Dies ist bei der Größe der Zahlen auch angebracht, denn ob das Ergebnis im Januar 2016 mit 397.860,77€ oder mit 397,9T€ ausgewiesen wird, ändert nichts an der Aussagkraft der Zahl, sie wird lediglich um (aufgrund der Größe der Zahl) unwichtige Informationsbestandteile beschnitten. Des Weiteren werden wir nicht nur die GuV in Tausender anzeigen, sondern dem User die Möglichkeit einräumen, zwischen der Ansicht mit kompletten Werten und mit den Tausender Werten zu wechseln. Hierzu ist es im ersten Schritt erforderlich, zwei Measures zu schreiben. Einmal ein Measure, welches die Beträge als kompletten Wert ausweist (also im Prinzip erhalten wir mit dem Measure das gleiche Ergebnis wie jetzt auch, jedoch liegen uns die Werte als Measure vor, welches wir anders weiterverarbeiten können). Als zweites schreiben wir ein Measure, welches die Beträge auf Tausender beschnitten anzeigt.

Die Formeln zu den Measures sind einfach zu schreiben und benötigen aufgrund des bisher Erlernten keiner weiteren Erklärung:

```
Beträge komplett Measure =
SUM ( 'Datensätze'[Betrag] )


Beträge Tausender Measure =
SUM ( 'Datensätze'[Betrag] ) / 1000
```

Beide Measures formatieren Sie bitte als Währung. Das Measure „Beträge komplett Measure" mit zwei Nachkommastellen, das Measure „Beträge Tausender Measure" mit einer Nachkommastelle. Zum Test können Sie in der Tabellenvisualisierung die Spalte „Betrag" nacheinander durch die beiden Measures austauschen und das Ergebnis direkt betrachten (bei Austausch mit dem Measure Beträge komplett Measure" sehen Sie natürlich keinen Unterschied). Bei dem auf Tausender gerundeten Measure hingegen schon:

GuV Position	Januar 2016	Februar 2016	März 2016	Apr
1. Umsatz	1.473,0 €	883,3 €	1.004,0 €	
2. Umsatzkosten	-638,9 €	-739,4 €	-617,2 €	-
3. Personalkosten	-310,9 €	-308,5 €	-287,3 €	-
4. Allgemeine Verwaltungskosten	-125,3 €	-128,3 €	-114,9 €	-
Gesamt	**397,9 €**	**-292,9 €**	**-15,4 €**	

Die Schwierigkeit, die noch besteht, liegt darin, dem User den Wechsel zwischen den beiden Measures zu ermöglichen, und zwar, ohne das er das Setup der Visualiserung ändert, sondern durch eine Auswahlmöglichkeit im Report an sich. Um dies zu erreichen, werden wir im ersten Schritt eine Tabelle erzeugen, die lediglich die Werte „Keine Rundung" und „Auf Tausend gerundet" enthält. Die Tabelle wird dann in einen Datenschnitt angewendet und im Anschluss schreiben wir ein Measure, welches je nachdem, welcher der beiden Werte im Datenschnitt ausgewählt ist, die Werte ohne Rundung oder auf Tausender gerundet anzeigt. Im Menüband „Home" klicken wir auf „Daten eingeben" um die Tabelle mit den beiden Werten zu erzeugen.

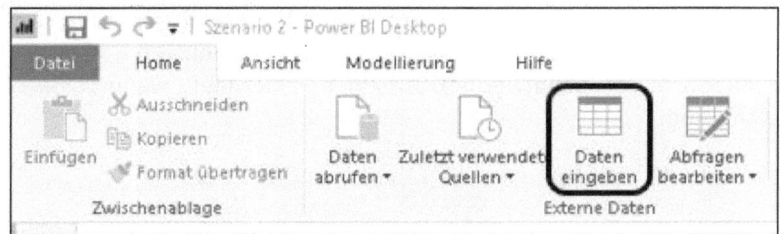

Es erscheint ein neues Fenster. Ganz unten geben wir unter „Name" den Namen der neuen Tabelle ein: „Auswahl Rundung". Die Spalte bennenen wir um in „Rundung" und tippen untereinander die Werte „Keine Rundung" und „Auf Tausender gerundet" ein und klicken anschließend auf Laden.

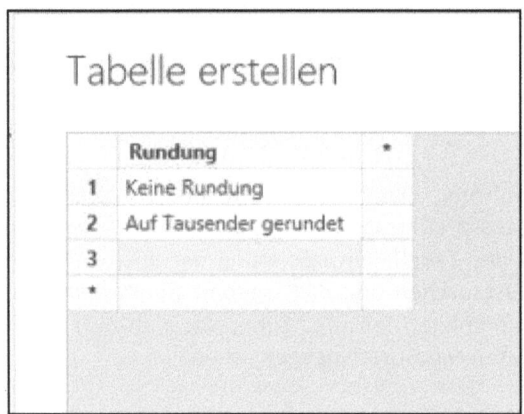

Wir haben hierdurch eine neue Tabelle erzeugt, die uns sowohl in Power BI als auch in Power Query zur weiteren Verarbeitung zur Verfügung steht. Alternativ hätte man auch eine identische Exceldatei erstellen können und diese mit Power Query abfragen können, um die gewünschten Daten zu erhalten. Die beiden eingegebenen Werte können bei Bedarf später auch noch geändert werden. Hierzu geht man in Power Query, wählt auf der linken Seite die Abfrage „Auswahl Rundung" aus und macht anschließend auf der rechten Seite unter „Angewendete Schritte" einen Doppelklick auf den Schritt „Quelle" und schon ist man wieder in dem Menü, wo die Daten sich anpassen lassen.

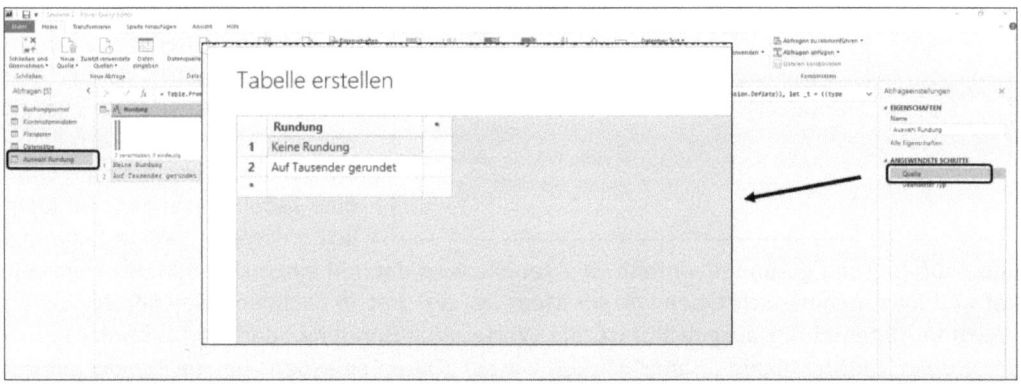

Wir wenden die neuen Werte auf einen Datenschnitt an und konfigurieren diesen so, dass es immer nur möglich ist, einen der Werte auszuwählen, da ansonsten das Measure, welches wir im nächsten Schritt schreiben werden, auf einen Fehler läuft, wenn beide Werte gleichzeitig ausgewählt sind.

 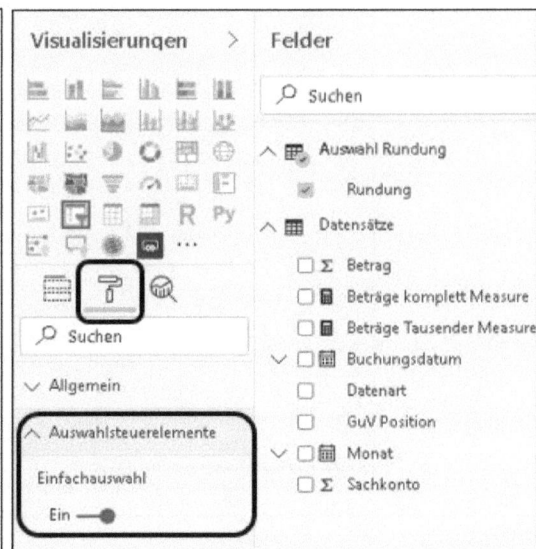

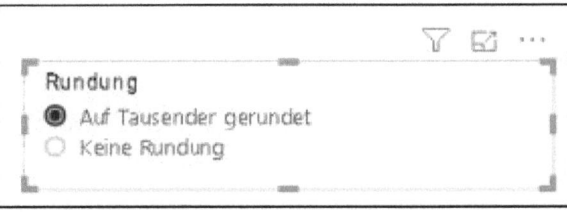

Die Auswahlmöglichkeit zwischen den beiden Rundungsoptionen besteht hiermit. Bevor es weiter geht, bedarf es noch einer Möglichkeit, den Wert dieser getroffenen Auswahl abzugreifen, um ihn für das im nächsten Schritt zu erstellende Measure verfügbar zu machen. Hierzu schreiben wir folgendes Measure und wenden dieses auf eine Kartenvisualisierung an.

```
Auswahl Rundung =
IF (
    HASONEVALUE ( 'Auswahl Rundung'[Rundung] ) = TRUE;
    VALUES ( 'Auswahl Rundung'[Rundung] );
    "keine Auswahl getroffen"
)
```

Wir sehen, je nachdem, welche Auswahl wir in dem Datenschnitt treffen, erhalten wir als Ergebnis des Measures entweder den Wert „Keine Rundung" oder „Auf Tausender gerundet", welchen wir im nächsten Measure weiter verwenden können.

Aber zunächst einmal die Erklärung der Formel:

Die Funktion hasonevalue() gibt als Ergebnis „True" zurück, wenn die Bezugsspalte im angewendeten Filterkontext nur einen Wert enthält. Die Spalte „Rundung" enthält standardmäßig zwei Werte, und zwar „Keine Rundung" und „Auf Tausender gerundet". Wenn im Datenschnitt einer dieser beiden Werte ausgewählt ist (was aufgrund der vorherigen Konfiguration des Datenschnitts immer der Fall sein muss), enthält die gefilterte Spalte „Rundung" immer nur einen Wert, der für die Funktion hasonevalue() sichtbar ist, weshalb an dieser Stelle stets „True" ausgegeben wird.

Die Funktion values() gibt die Werte der Bezugsspalte bezogen auf den angewendeten Filter aus. Wie wir bereits festgestellt haben, enthält die Spalte aufgrund der angewendeten Filter stets nur den Wert, der durch den Datenschnitt ausgewählt wurde. Das bedeutet, das Ergebnis der values() Funktion ist immer der ausgewählte Wert des Datenschnitts.

Die beiden Funktionen sind in unserem Fall in einem if Statement miteinander verarbeitet, damit sie funktionieren. Ins Unreine gesprochen, erfüllt das Measure somit folgende Funktion:

Wenn die Spalte Rundung nur einen Wert ausweist, gib diesen Wert als Ergebnis aus, ansonsten gib den Wert „Keine Auswahl getroffen aus.

Theoretisch würde es an dieser Stelle sogar genügen, wenn wir die Formel wie folgt gestaltet hätten:

```
Auswahl Rundung =
    VALUES ( 'Auswahl Rundung'[Rundung] )
```

Das Problem dabei ist jedoch, dass die Formel ein Error liefert, wenn die Spalte „Rundung" mehrere Werte enthält (weil vielleicht der Datenschnitt falsch konfiguriert wurde). Values() kann in dieser Form in einem Measure nur verwendet werden, wenn die Spalte über nur einen einzigen Wert verfügt.

Wenn es zu einer Konstellation kommen würde, in der für die Formel mehrere Werte in der Spalte „Rundung" sichtbar sind, fängt das Konstrukt mit if und hasonevalue dieses ab und liefert zumindest als Ergebnis „Keine Auswahl getroffen", was bei der anschließenden Fehlerbehebung sehr hilfreich sein wird.

Um für den User auswählbar zu machen, welches Measure in unserem Bericht angezeigt werden soll, bedienen wir uns der switch() Funktion. Die Switch Funktion ist im Grunde genommen eine Wenn Dann Funktion, mit welcher mehrere Wenn Dann Prüfungen möglich sind. Alternativ kann man auch mehrere Wenn Dann Funktionen (if statements) ineinander verschachteln, jedoch ist dies deutlich schwieriger und unübersichtlicher.

Die benötigte Switch Funktion an dieser Stelle lautet wie folgt:

```
Betrag Measure =
SWITCH (
    TRUE ();
    'Auswahl Rundung'[Auswahl Rundung] = "Auf Tausender gerundet"; [Beträge
Tausender Measure];
    'Auswahl Rundung'[Auswahl Rundung] = "Keine Rundung"; [Beträge komplett
Measure]
)
```

Setzen Sie das neue Measure in die vorhandene Matrixvisualisierung ein und wechseln Sie mit dem Datenschnitt zwischen „Auf Tausender gerundet" und „Keine Rundung" hin und her und Sie werden sehen, wie das Measure entsprechend zwischen den kompletten Beträgen und auf Tausender gerundet ebenso hin und her wechselt.

Die True() Funktion zu Beginn der Formel gibt an, dass die nachfolgenden Bedingungen wahr sein sollen, um zu dem entsprechenden Ergebnis zu switchen.

In der Zeile darauf wird geprüft, ob das Ergebnis des Measures „Auswahl Rundung" „Auf Tausender gerundet lautet". Wenn diese Aussage wahr ist, liefert die komplette Formel als Ergebnis das Ergebnis des Measures „Beträge Tausender Measure".

Sollte die Aussage nicht wahr sein, wird die nächste Zeile in der Formel geprüft. Also im Klartext wird dann überprüft, ob das Ergebnis des Measures „Auswahl Rundung" „Keine Rundung" lautet. Ist dies der Fall, liefert die komplette Formel als Ergebnis das Ergebnis des Measures „Beträge komplett Measure". Da keine weiteren Kosntellationen möglich sind, endet die Formel an dieser Stelle.

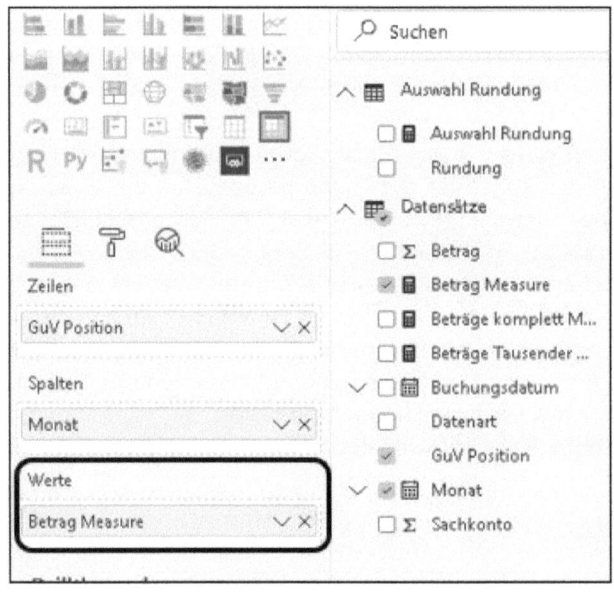

Um die Plan mit den Ist Werten noch besser vergleichen zu können, schreiben wir 2 getrennte Measure Sets für die Plan und Ist Werte. Hierzu ändern wir zuerst die bestehenden Measures „Beträge komplett Measure" und „Beträge Tausender Measure" so ab, dass stets die IST Werte ausgewiesen werden.

```
Beträge komplett Measure =
    SUM ( 'Datensät-
ze'[Betrag] )
```

Wird abgeändert zu:

```
Beträge komplett Measure IST =
CALCULATE ( SUM ( 'Datensätze'[Betrag] ); 'Datensätze'[Datenart] = "Ist" )
```

```
Beträge Tausender Measure =
    SUM ( 'Datensätze'[Betrag] ) / 1000
```

Wird abgeändert zu:

```
Beträge Tausender Measure IST =
CALCULATE (
    SUM ( 'Datensätze'[Betrag] ) / 1000;
    'Datensätze'[Datenart] = "Ist"
)
```

Zudem nennen wir das Measure „Betrag Measure" zu „IST" um.
Diese drei Measures kopieren wir und ersetzen in der Kopie jeweils immer „Ist" durch „Plan".
Kleiner Hinweis: Man kann ein Measure nicht direkt kopieren. Sie müssen in die Bearbeitung des Measures gehen, dort den gesamten Inhalt kopieren, ein neues, leeres Measure erstellen und dort den zuvor kopierten Inhalt einfügen.

```
Beträge komplett Measure Plan =
CALCULATE ( SUM ( 'Datensätze'[Betrag] ); 'Datensätze'[Datenart] = "Plan" )
```

```
Beträge Tausender Measure Plan =
CALCULATE (
    SUM ( 'Datensätze'[Betrag] ) / 1000;
    'Datensätze'[Datenart] = "Plan"
)
```

```
Plan =
SWITCH (
    TRUE ();
    'Auswahl Rundung'[Auswahl Rundung] = "Auf Tausender gerundet"; [Beträge
Tausender Measure Plan];
    'Auswahl Rundung'[Auswahl Rundung] = "Keine Rundung"; [Beträge komplett
Measure Plan]
)
```

Die Measures „Betrag Measure IST" und „betrag Measure Plan" formatiern wir abschließend noch als Währung.

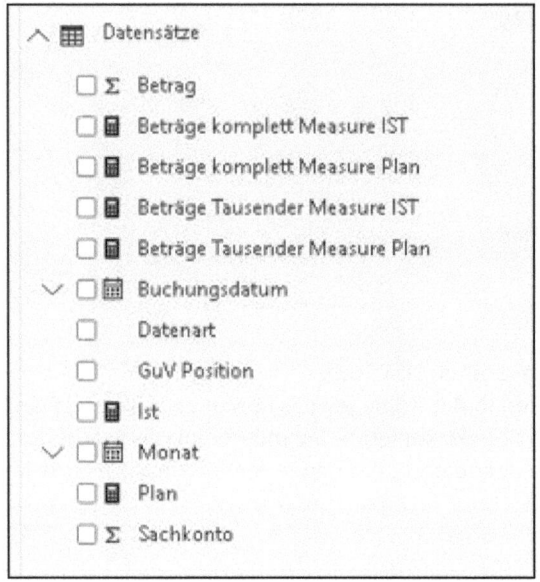

Übersicht über alle nun vorhandenen Measures:

Wir nutzen nun das Measure „IST" in der Tabellenvisualisierung und löschen den Datenschnitt der Spalte „Datensätze, Datenart", da dieser aufgrund der Neugestaltung der Measures keine Auswirkung mehr auf die angezeigten Werte hat.

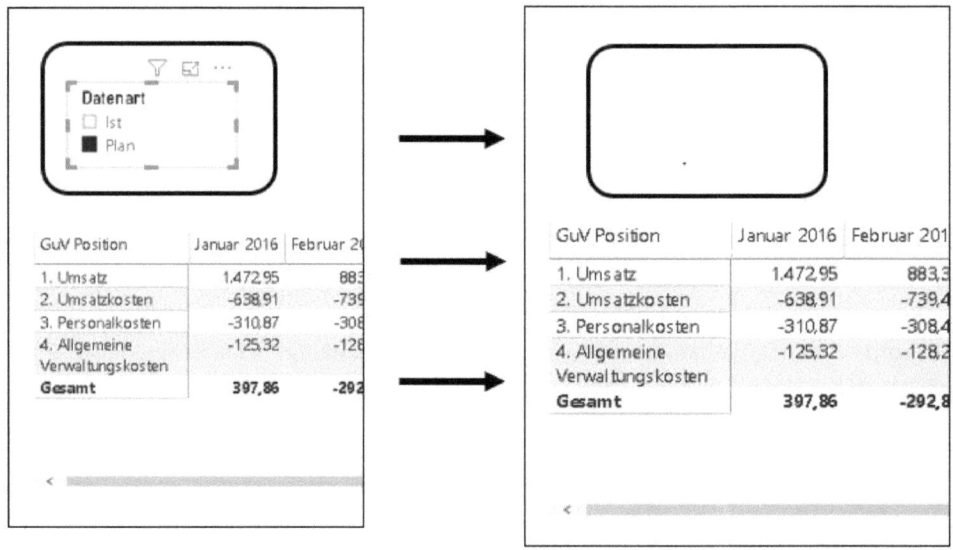

3.3.3 GuV KPIs als Measure erstellen

Im nächsten Schritt erstellen wir einen Datenschnitt auf die Spalte Monate, wobei wir hier die Datumshierarchie in der Ebene Jahr als Basis nutzen:

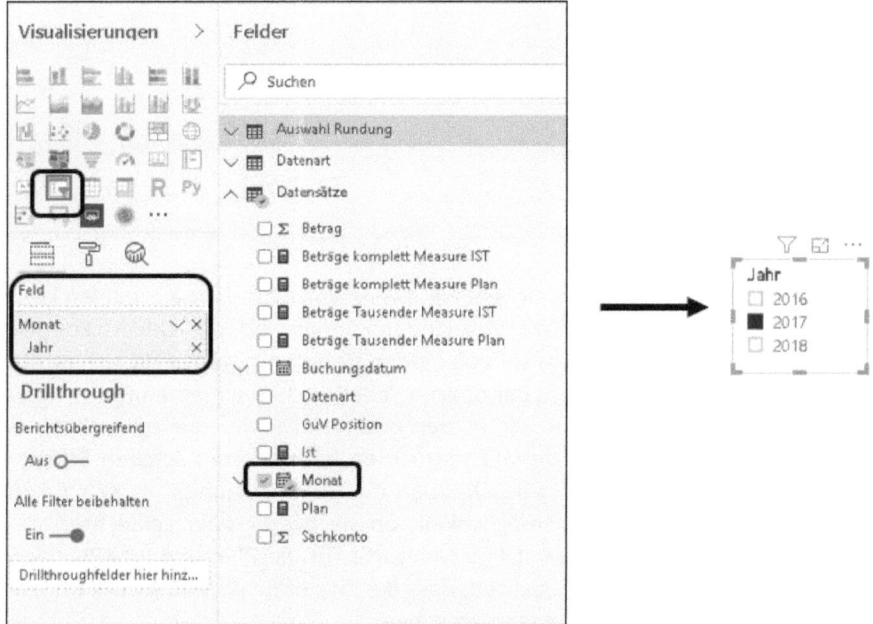

Außerdem erstellen wir eine weitere Tabellenvisualisierung mit folgendem Setup und entfernen die Spaltenzwischensummen in den Formatierungsoptionen:

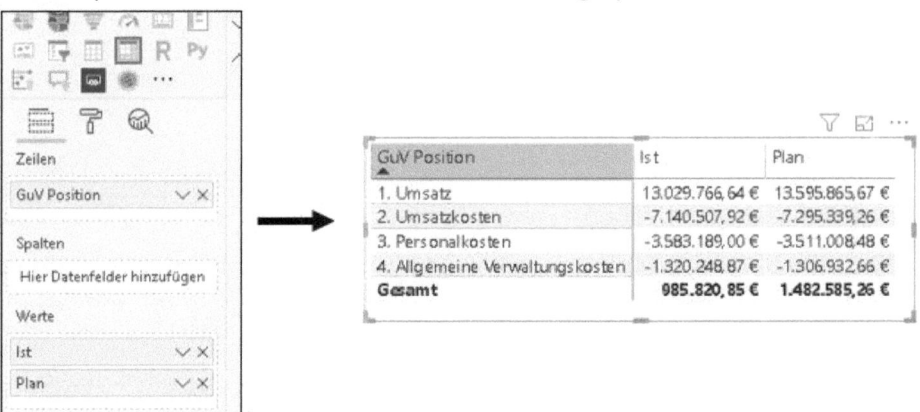

Das Dashboard sollte jetzt in etwa wie folgt aussehen:

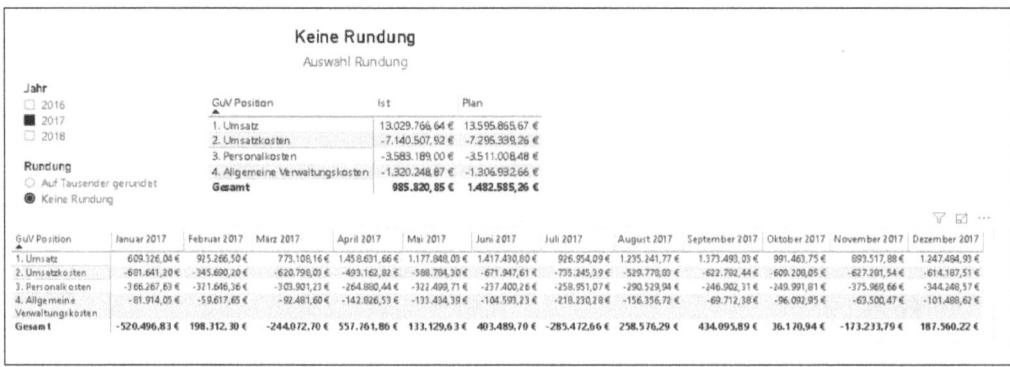

Wir haben einen Datenschnitt, mit welchem wir das gewünschte Jahr auswählen können und einen Datenschnitt, mit welchem wir auswählen können, ob die Zahlen komplett oder gerundet angezeigt werden. Die Auswahl von beiden Datenschnitten wirkt sich interaktiv auf beide Tabellenvisualisierungen aus. In der oberen Tabelle sehen wir einen Plan – Ist Vergleich des ausgewählten Jahres, während wir in der unteren Tabelle die monatliche GuV des ausgewählten Jahres im zeitlichen Verlauf betrachten können. Im nächsten Schritt werden wir wie eingangs zu diesem Szenario beschrieben die GuV Positionen als KPIs im zeitlichen Verlauf darstellen mit einer Analysemöglichkeit, ob sie besser oder schlechter als geplant performen. Hierzu schreiben wir zuerst je 5 Measures für die Plan und Ist KPIs nach bereits bekanntem Schema. Hierbei ist zu beachten, dass die KPIs ohne Rundung auskommen dürfen und das die Kosten positiv dargestellt werden sollen:

```
Umsatz IST =
CALCULATE (
    SUM ( 'Datensätze'[Betrag] );
    'Datensätze'[GuV Position] = "1. Umsatz";
    'Datensätze'[Datenart] = "Ist"
)
```

```
Umsatzkosten IST =
CALCULATE (
    SUM ( 'Datensätze'[Betrag] ) * -1;
    'Datensätze'[GuV Position] = "2. Umsatzkosten";
    'Datensätze'[Datenart] = "Ist"
)
```

```
Personalkosten IST =
CALCULATE (
    SUM ( 'Datensätze'[Betrag] ) * -1;
    'Datensätze'[GuV Position] = "3. Personalkosten";
    'Datensätze'[Datenart] = "Ist"
)

Allgemeine Verwaltungskosten IST =
CALCULATE (
    SUM ( 'Datensätze'[Betrag] ) * -1;
    'Datensätze'[GuV Position] = "4. Allgemeine Verwaltungskosten";
    'Datensätze'[Datenart] = "Ist"
)

Ergebnis IST =
CALCULATE ( SUM ( 'Datensätze'[Betrag] ); 'Datensätze'[Datenart] = "Ist" )

Umsatz Plan =
CALCULATE (
    SUM ( 'Datensätze'[Betrag] );
    'Datensätze'[GuV Position] = "1. Umsatz";
    'Datensätze'[Datenart] = "Plan"
)

Umsatzkosten Plan =
CALCULATE (
    SUM ( 'Datensätze'[Betrag] ) * -1;
    'Datensätze'[GuV Position] = "2. Umsatzkosten";
    'Datensätze'[Datenart] = "Plan"
)

Personalkosten Plan =
CALCULATE (
    SUM ( 'Datensätze'[Betrag] ) * -1;
    'Datensätze'[GuV Position] = "3. Personalkosten";
    'Datensätze'[Datenart] = "Plan"
)
```

```
Allgemeine Verwaltungskosten Plan =
CALCULATE (
    SUM ( 'Datensätze'[Betrag] ) * -1;
    'Datensätze'[GuV Position] = "4. Allgemeine Verwaltungskosten";
    'Datensätze'[Datenart] = "Plan"
)
```

```
Ergebnis Plan =
CALCULATE ( SUM ( 'Datensätze'[Betrag] ); 'Datensätze'[Datenart] = "Plan" )
```

Hier erstellen wir ebenso eine dynamische KPI, da wir mit Hilfe eines Datenschnitts auswählen möchten, welche KPI tatsächlich angezeigt wird. Zuerst erstellen wir wie oben bereits erläutert eine Auswahltabelle mit Name „Auswahl KPI" für alle 5 KPIs unter Menüband „Home", „Daten eingeben".

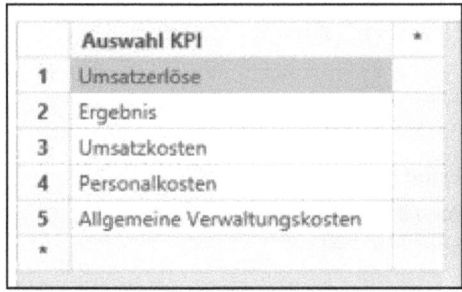

Außerdem schreiben wir das dazugehörige Auswahlmeasure wie bereits erlernt:

```
Auswahl KPI Measure=
IF (
    HASONEVALUE ( 'Auswahl KPI'[Auswahl KPI]) = TRUE;
    VALUES ( 'Auswahl KPI'[Auswahl KPI] );
    "keine Auswahl getroffen"
)
```

Und die dazugehörige switch() Funktion:

```
KPI IST =
SWITCH (
    TRUE ();
    'Auswahl KPI'[Auswahl KPI Measure] = "Umsatzerlöse"; [Umsatz IST];
    'Auswahl KPI'[Auswahl KPI Measure] = "Ergebnis"; [Ergebnis IST];
    'Auswahl KPI'[Auswahl KPI Measure] = "Umsatzkosten"; [Umsatzkosten IST];
    'Auswahl KPI'[Auswahl KPI Measure] = "Personalkosten"; [Personalkosten
IST];
    'Auswahl KPI'[Auswahl KPI Measure] = "Allgemeine Verwaltungskosten";
[Allgemeine Verwaltungskosten IST]
)
```

Um das Ganze zu visualisieren erstellen wir eine Kartenvisualisierung, einen Datenschnitt und ein Säulendiagramm mit folgenden Setups:

Die neuen Visualisierungen ordnen wir unterhalb der bereits bestehenden Visualisierungen an:

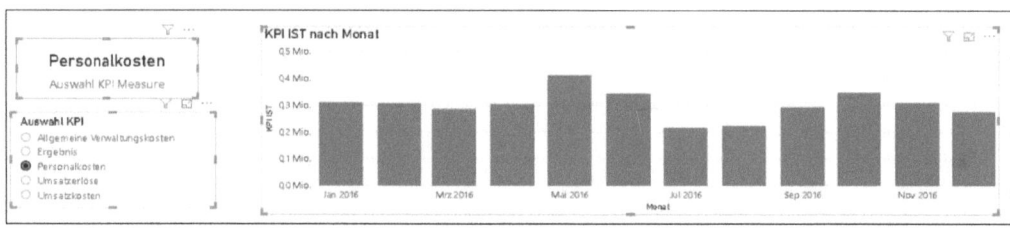

Zusätzlich zur bereits bestehenden Funktionalität des Berichtes können wir uns nun die einzelnen GuV Positionen graphisch im zeitlichen Verlauf betrachten, und zwar auswählbar über einen Datenschnitt. Was noch fehlt, ist der direkte Vergleich zu den Planwerten. Hier ist erstmal die Möglichkeit naheliegend, die zugehörigen Planwerte als zweiten Balken neben den Ist Werten darzustellen. Hierzu wird die Switch Funktion wie die vorherige nochmal erstellt, jedoch werden als Ergebnis die bereits vorgefertigten Plan Measures ausgegeben:

```
KPI Plan =
SWITCH (
    TRUE ();
    'Auswahl KPI'[Auswahl KPI Measure] = "Umsatzerlöse"; [Umsatz Plan];
    'Auswahl KPI'[Auswahl KPI Measure] = "Ergebnis"; [Ergebnis Plan];
    'Auswahl KPI'[Auswahl KPI Measure] = "Umsatzkosten"; [Umsatzkosten
Plan];
    'Auswahl KPI'[Auswahl KPI Measure] = "Personalkosten"; [Personalkosten
Plan];
    'Auswahl KPI'[Auswahl KPI Measure] = "Allgemeine Verwaltungskosten";
[Allgemeine Verwaltungskosten Plan]
)
```

Das neu erstellte Measure KPI Plan fügen wir nun dem Setup des bereits erstellten Balkendiagramms hinzu. Im Ergebnis können wir die Ist und Planzahlen der ausgweählten KPI visuell direkt miteinander vergleichen.

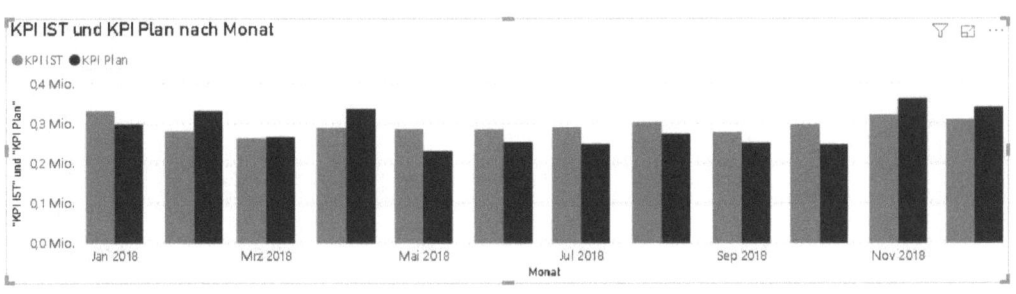

3.3.4 Bedingte Formatierung (conditional formatting)

Als weitere Möglichkeit, einen Vergleich visuell darzustellen, bietet sich die bedingte Formatierung an. Diese Möglichkeit möchte ich an unserem Beispiel in größerem Umfang vorstellen.

Bedingte Formatierung bedeutet, dass die Farben in den Visualisierungen abhängig sind von den Werten. Man kann zum Beispiel eine bedingte Formatierung konfigurieren, die Balken in blau anzeigt, wenn der dazugehörige Wert über 100 liegt und in lila, wenn er darunter liegt. Es gibt mehrere Möglichkeiten, eine bedingte Formatierung einzurichten. Grundsätzlich befindet sich die Möglichkeit zur Einrichtung in den Formatierungsoptionen der einzelnen Visualisierungen. Nicht jede Visualisierung bietet die Möglichkeit, eine bedingte Formatierung einzurichten.

In der Tabellenvisualisierung befinden sich die Konfigurationsmöglichkeiten zur bedingten Formatierung beispielsweise direkt unter dem Punkt „Bedingte Formatierung". Beim Säulendiagramm hingegen ist die Einstellungsmöglichkeit sehr gut versteckt. Die Einstellungsmöglichkeiten sind zu finden unter „Datenfarben". Dort bewegt man den Cursor rechts neben das Wort „Standardfarbe" bis 3 Punkte erscheinen. Erst wenn man diese anklickt, kommt man zu den Formatierungsoptionen.

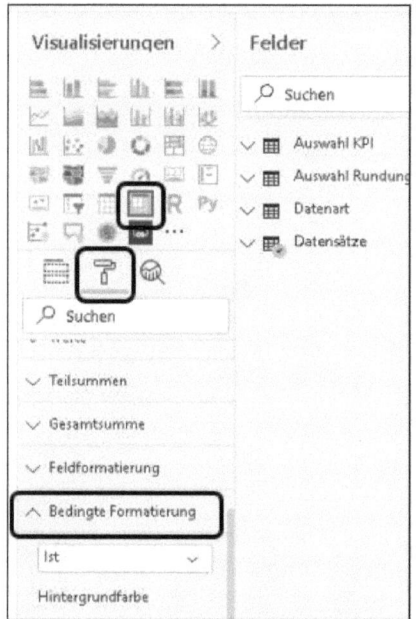

95

Wir werden die Möglichkeiten der bedingten Formatierung anhand des vorhandenen Säulendiagramms testen. Um überhaupt Zugang zur bedingten Formatierung zu erhalten, entfernen Sie nun bitte die „KPI Plan" aus dem Säulendiagramm (bedingte Formatierung ist in dieser Visualisierung nur mit einem Wertefeld möglich).

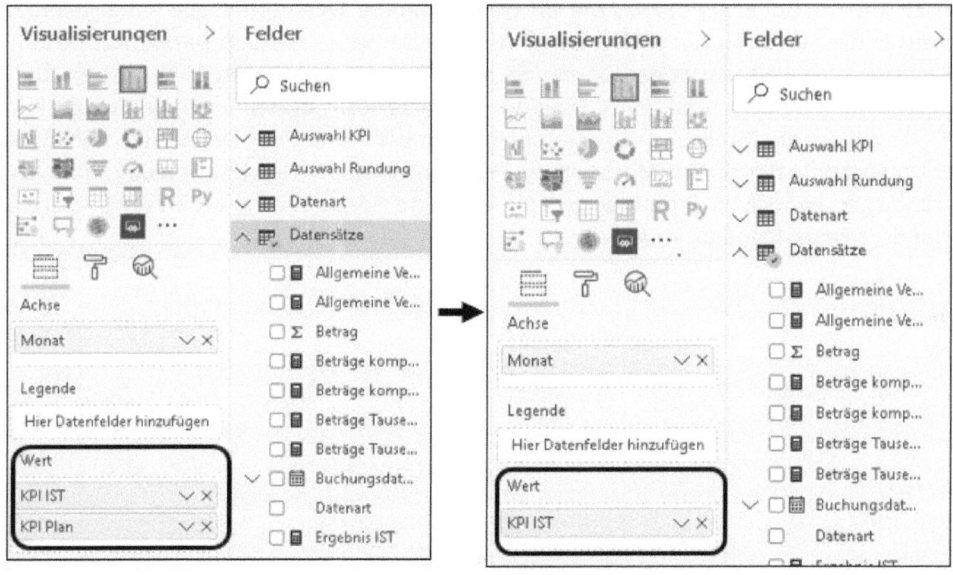

Anschließend gehen wir wie oben beschrieben in die Formatierungsoptionen der Visualisierung, dann auf Datenfarben und rechts neben dem Wort „Standardfarbe" bewegen wir den Mauszeiger zu dem markierten Bereich bis die 3 Punkte erscheinen und klicken dann auf „Bedingte Formatierung". Es erscheint ein neues Fenster.
Im oberen Bereich des Fensters gibt es das Dropdown Menü „Formatieren nach" mit 3 Auswahlmöglichkeiten, welche wir nun nacheinander durcharbeiten.

3.3.5 Bedingte Formatierung nach Farbskala

Wir belassen es fürs Erste bei der Auswahl „Farbskala". Im ersten Auswahlfeld „basierend auf Feld" stehen uns im Dropdownmenü sämtliche vorhandenen Spalten und Measures zur Verfügung. Basierend auf die hier getroffene Auswahl werden sich die Balken des Säulendiagramms einfärben. Ohne dass wir hier eine Änderung vornehmen, ist hier der Wert „Anzahl von Monat" getroffen (wobei Anzahl automatisch von der Engine hinzugefügt wurde, da es die einzig sinnvolle Aggregierung für diese Spalte zu sein scheint). Führen wir uns erstmal vor Augen, was dies bedeutet, das ist wichtig für das weiterführende Verständnis. Unser Säulendiagramm ist so aufgebaut, dass die Monate auf der x-Achse in farbigen Säulen gruppiert sind und abhängig vom Wert des Measures „KPI IST" in unterschiedlicher Höhe dargestellt sind. Wir haben „Anzahl von Monat" als Basisfeld für die bedingte Formatierung gewählt, dies ändert nichts daran, dass die Höhe der Säulen vom Measure „KPI Ist" abhängig ist und das die Säulen weiterhin nach Monaten gruppiert sind, lediglich die Farben der Säulen werden sich ändern, abhängig davon, wie oft (Anzahl) in der Datengrundlage einer jeden Säule ein Wert in der Spalte Monat enthalten ist. Hinter jeder Säule steht als Datenbasis bestimmte Datensätze. Also beispielsweise für die Säule Umsatzerlöse Januar 2016 stehen alle Buchungssätze mit Datenart „Ist", GuV Position „Umsatzerlöse" und Monat „Januar 2016". Man kann also sagen, die farbliche Formatierung ist von der Anzahl der Datensätze abhängig (da jeder Datensatz in der Spalte Monat einen Wert enthält), die sich hinter jeder Säule als Datengrundlage verstecken. Probieren wir die bedingte Formatierung an dieser Stelle einmal mit der derzeitigen Konfiguration aus.

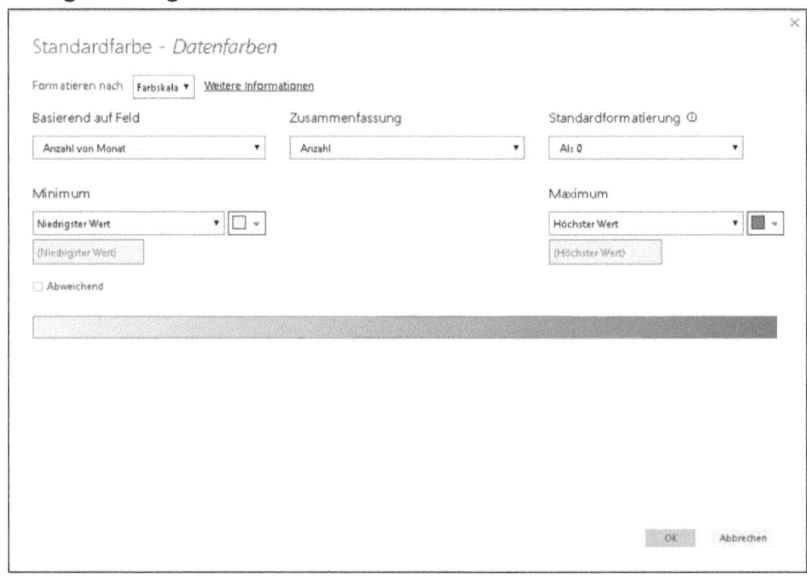

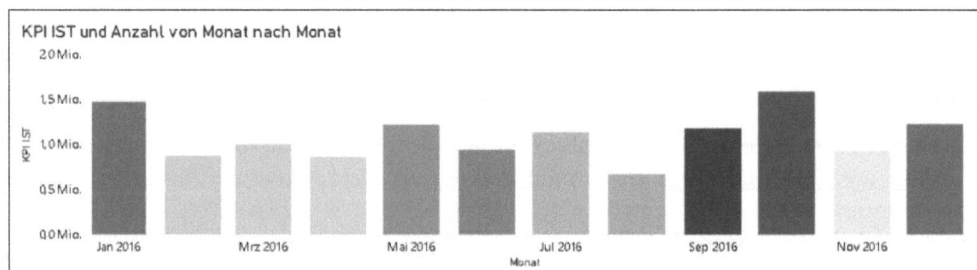

Die Datenbasis der dunkleren Balken enthalten mehr Datensätze, die Datenbasis der helleren Balken enthalten weniger Datensätze. Dies kann man auch validieren, indem man die Spalte

Monat als Anzahl in den Quick Infos darstellt und mit der Maus über die einzelnen Balken fährt somit prüft, ob die Balken mit der größeren Anzahl tatsächlich dunkler sind als die mit der geringeren Anzahl.

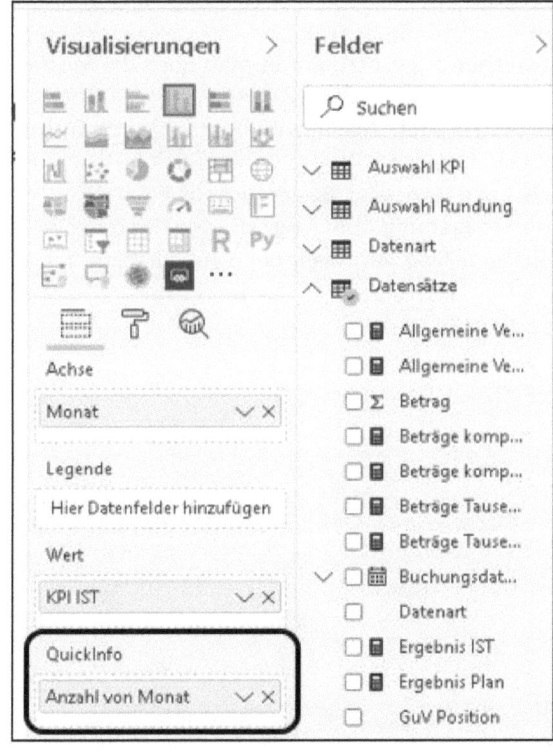

Zurück zum Fenster, in dem man die bedingte Formatierung konfigurieren kann. Oben in der Mitte finden wir ein Dropdownfeld mit der Bezeichnung „Zusammenfassung". Was in diesem Feld erscheint und ob dieses Feld überhaupt erscheint ist davon abhängig, welche Auswahl im Dropdownfeld „Basierend auf Feld" getroffen wurde. Für die Auswahl „Anzahl von Monat" stehen uns hier die Werte „Anzahl" und „Anzahl (eindeutig) zur Verfügung. Man kann hier also nochmal genauer festlegen, wie das Feld „Monat" aggregiert werden soll, um einen Wert zu erhalten, der zu einer bedingten Formatierung führt. Soeben haben wir bereits getestet, was bei der Auswahl „Anzahl" geschieht. Wenn wir die Auswahl „Anzahl (eindeutig)" treffen, hätte dies zur Folge, dass jeder Balken in gleicher Farbe formatiert wird. Denn dann wird gezählt, wie viele unterschiedliche Werte in der Spalte Monat in der Datenbasis für jede Säule auftauchen. Da Die Säulen jedoch nach Monaten gruppiert sind, wäre das Ergebnis für jede Säule 1.

Mit dem Dropdownfeld „Standardformatierung" (rechts oben) lässt sich festlegen, welche Farbe verwendet werden soll, wenn ein Feld ohne einen Wert auftaucht. Zur Auswahl steht hier die Möglichkeit, die Visualisierung zu diesem Feld überhaupt nicht zu formatieren, mit einer festzulegenden Farbe zu formatieren, oder es so zu formatieren, als stünde 0 in dem ausgewählten Feld.

Eine Ebene tiefer sehen wir die Möglichkeit, die Farbskala mit individuellen Farben anzupassen. Lässt man das Dropdownfeld „Minimum" auf „Niedrigster Wert" und das Dropdownfeld „Maximum" auf „Höchster Wert", passt sich die Farbgebung der Säulen an die vorhandenen Werte an. Das bedeutet, die Säule mit den geringsten Werten für Anzahl Monate erhält die Minimum-Farbe, die Säule mit den höchsten Werten für Anzahl Monate erhält die Maximum

Farbe. Alle Balken, die dazwischen liegen erhalten eine abgestufte Farbgebung abhängig von dem Wert „Anzahl Monate" des jeweiligen Balkens.

Alternativ kann man statt der Auswahl niedrigster- und höchster Wert auch die Auswahl „Zahl" im Dropdownmenü treffen und anschließend selbst festlegen, welcher Wert für (in diesem Fall) „Anzahl Monate" die Minimum Farbe erhalten soll und welcher Wert die Maximum Farbe.

Wird im unteren Bereich der Haken bei „Abweichend" gesetzt, erhält man noch die Möglichkeit, eine dritte Farbe mit in die Farbskala aufzunehmen.

Welche Einstellungsmöglichkeiten bezüglich der Farbgebung sinnvoller ist, kommt natürlich immer auf den Anwendungsfall drauf an.

Im vorliegenden Beispiel macht es natürlich eher Sinn, als „Basierend auf Feld" Wert das Measure „KPI IST" auszuwählen, da dann die Farbgebung abhängig von der Höhe des Measures ist und nicht von der Anzahl der Datensätze. Also mit folgender Konfiguration und Ergebnis:

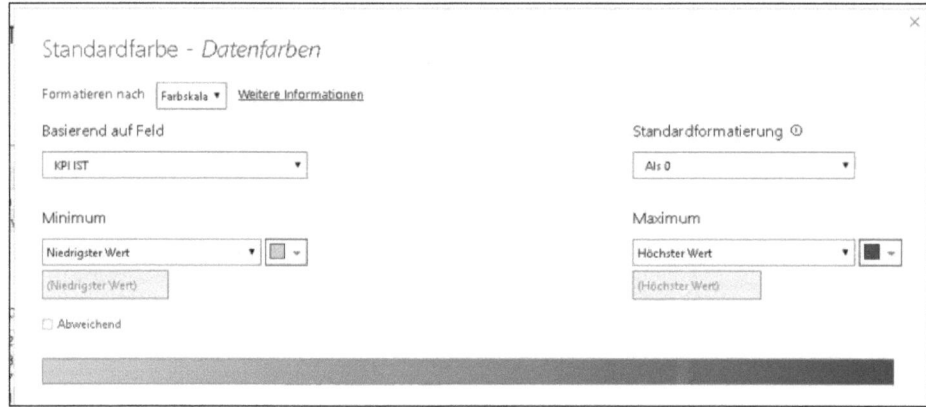

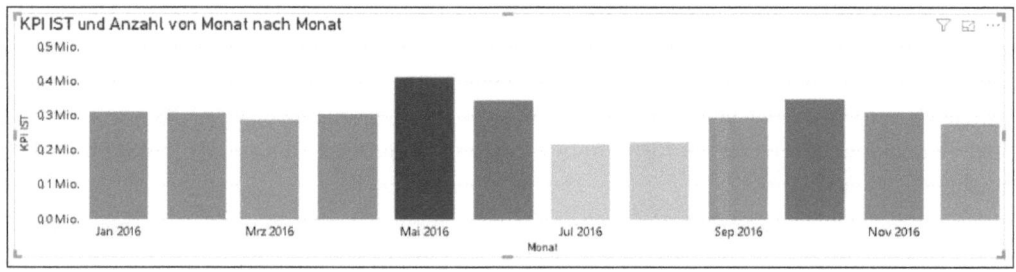

3.3.6 Bedingte Formatierung nach Regeln

Eine weitere Möglichkeit, die bedingte Formatierung zu nutzen ist die Möglichkeit, dass Format nach Regeln zu definieren. Mit dieser Methode ist es möglich, die Formatierung präziser zu bestimmen. Bei der Formatierung nach Farbskala ist es ja vielmehr so gewesen, dass der unterste Wert die Minimum Farbe erhält, der oberste Wert die Maximum Farbe und alles dazwischen in Abstufungen stattfindet.

Bei der bedingten Formatierung nach Regeln können wir beispielsweise festlegen, wenn der Umsatz kleiner als 900T€ ist, soll der Balken rot gefärbt sein, wenn er zwischen 901T€ und 1.100T€ liegt, soll er gelb gefärbt sein und wenn er darüber liegt, soll der Balken grün gefärbt sein.

Genau dies werden wir jetzt für das bestehende Säulendiagramm definieren. Wir gehen also wieder in das Fenster, in dem wir die bedingte Formatierung des Säulendiagramms anpassen können und wählen „Formatieren nach Regeln" und basierend auf Feld „KPI IST". Wie Sie sehen, ändern sich nun die Eingabemöglichkeiten im unteren Bereich des Fensters.

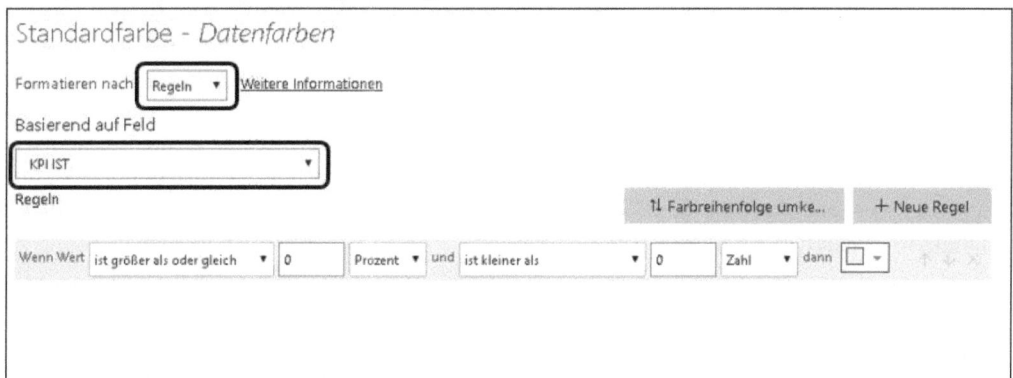

Im unteren Bereich ist es nun möglich, die zuvor definierten Regeln einzugeben. Dies sieht dann wie folgt aus:

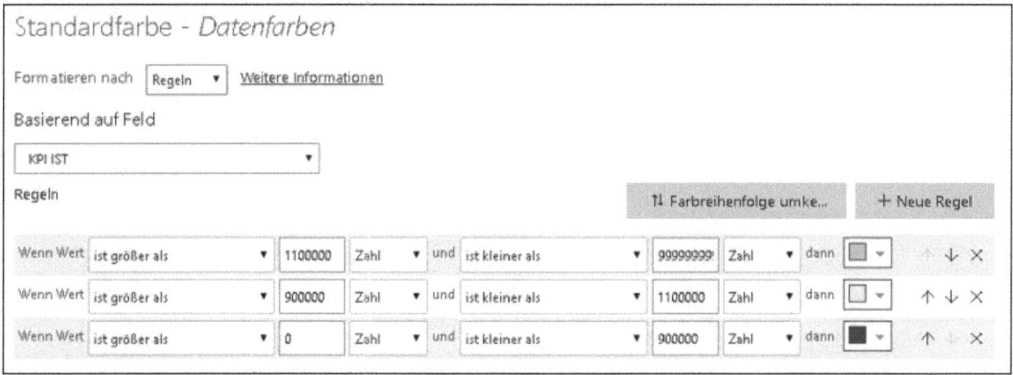

Im Ergebnis können wir nun auf den ersten Blick sehen (bitte auch die KPI Umsatz im Datenschnitt auswählen), ob es sich (nach unserer Regel) um einen Umsatzstarken oder Umsatzschwachen Monat gehandelt hat. Und an diesem Beispiel wird auch wieder wunderbar deutlich wieviel Mehrwert ein buntes Diagramm im Gegensatz zu einer mit Zahlen überfluteten Exceltabelle liefern kann.

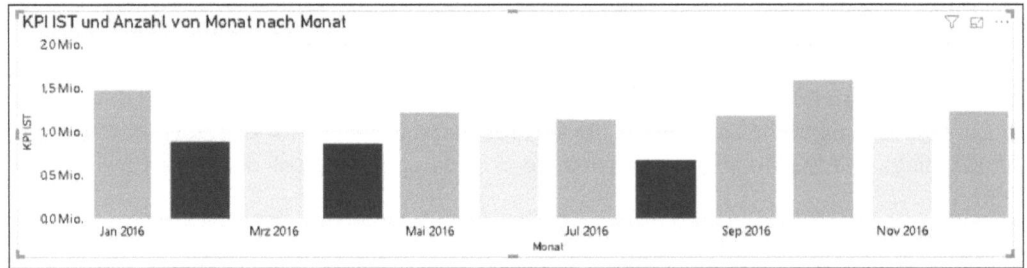

Die Methode, die bedingte Formatierung nach Regeln festzulegen ist grundsätzlich einfach zu konfigurieren und sehr zu empfehlen, da wir in unserem Beispiel jedoch mit einer dynamisierten KPI arbeiten (es wird nicht immer der Umsatz angezeigt, Sie könnten ja auch „Personalkosten" im Datenschnitt auswählen), die Regel jedoch nur starr auf eine KPI geschrieben werden kann, ist dies noch nicht die ideale Möglichkeit für unser Beispiel. Zum einen, da man für die anderen KPIs ganz andere Schwellenwerte für die Farbgebung benötigt und zum anderen, da die KPIs, die Kosten repräsentieren, grün gefärbt sein müssen, wenn Sie niedriger sind, und rot, wenn sie höher sind. Also die Reihenfolge der Farbgebung ist bei den Kosten KPIs umgekehrt. Hier kommt die Möglichkeit ins Spiel, die Formatierung von einem Feldwert abhängig zu machen.

3.3.7 Bedingte Formatierung nach Feldwert

Wenn wir im Formatierungsfenster Formatieren nach „Feldwert" auswählen, haben wir lediglich die Möglichkeit, eine Spalte oder ein Measure aus unserem Datenmodell auszuwählen. Wir müssen an dieser Stelle also zuerst ein Measure schreiben, welches festlegt, wie die einzelnen Säulen formatiert werden sollen. Hierzu werden wir zuerst ein einfaches Measure schreiben, um die Funktionsweise dieser Art der bedingten Formatierung zu verdeutlichen und anschließend die komplexere Logik, die für unser Beispiel notwendig ist, implementieren. Wir nehmen für den Anfang an, wenn der Wert des Measures „KPI Ist" größer ist als der Wert des Measures „KPI Plan", sollen die Balken grün gefärbt werden, ansonsten rot. Hierzu schreiben wir folgendes Measure:

```
Format Plan-IST Vergleich 1 =
IF ( [KPI IST] > [KPI Plan]; "#00FF0C"; "#FF0407" )
```

Dieses Measure ist recht einfach zu interpretieren. Wenn die Bedingung erfüllt ist, liefert das Measure den Hexadezimalcode für einen Grünton, ansonsten liefert das Measure den Hexadezimalcode für einen Rotton als Ergebnis. Wenn wir dieses Measure einsetzen können wir das gewünschte Ergebnis betrachten.

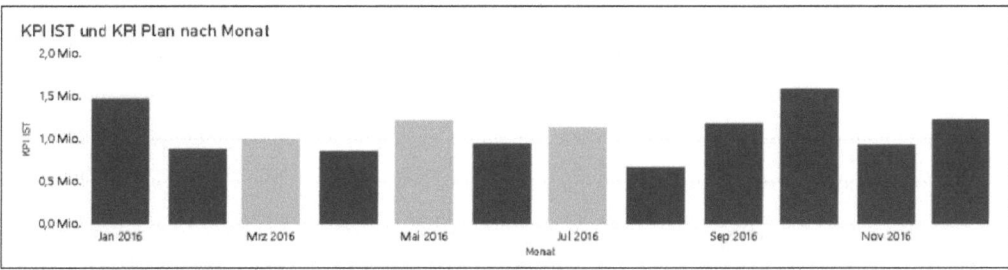

Ich denke, dass das Grundprinzip dieser Funktionsweise hiermit bereits ausreichend erläutert ist. Passen wir das Measure noch so an, dass es auch für alle KPIs sinnvolle Ergebnisse liefert und ergänzen wir es um die Farbe Gelb.

Die hier anzuwendende Logik soll lauten:
Bei den KPIs Umsatz und Ergebnis, soll die Säule grün gefärbt werden, wenn die IST Zahlen größer sind als die Planzahlen. Wenn die Ist Zahlen kleiner sind, als die Planzahlen soll die Säule rot gefärbt sein, außer die IST Zahlen weichen weniger als 10% nach unten von den Planzahlen ab, dann soll sie gelb gefärbt sein. Bei den KPIs Allgemeine Verwaltungskosten, Personalkosten und Umsatzkosten soll die Säule grün gefärbt werden, wenn die IST Zahlen kleiner sind als die Planzahlen. Wenn die Ist Zahlen größer sind, als die Planzahlen soll die Säule rot gefärbt sein, außer die IST Zahlen weichen weniger als 10% nach oben von den Planzahlen ab, dann soll sie gelb gefärbt sein.

Diese Logik gilt es nun in ein DAX Measure zu übersetzen. Da ein einzelnes if Statement hierfür nicht mehr ausreicht und eine Verkettung von mehreren if Statements schnell unübersichtlich wird, wenden wir hier nochmal die Switch Funktion an:

```
Format Plan IST Vergleich 2 =
    SWITCH (
        TRUE ();
        AND (
            OR (
                'Auswahl KPI'[Auswahl KPI Measure] = "Umsatzerlöse";
                'Auswahl KPI'[Auswahl KPI Measure] = "Ergebnis"
            );
            [KPI IST] >= [KPI Plan]
        ); "#00FF0C";
        AND (
            OR (
                'Auswahl KPI'[Auswahl KPI Measure] = "Umsatzerlöse";
                'Auswahl KPI'[Auswahl KPI Measure] = "Ergebnis"
            );
            [KPI IST] > [KPI Plan] * 0,9
        ); "#F1FF13";
        AND (
            OR (
                'Auswahl KPI'[Auswahl KPI Measure] = "Umsatzerlöse";
                'Auswahl KPI'[Auswahl KPI Measure] = "Ergebnis"
            );
            [KPI IST] < [KPI Plan]
        ); "#FF0407";
        AND (
            OR (
                'Auswahl KPI'[Auswahl KPI Measure] = "Allgemeine
           Verwaltungskosten";
                'Auswahl KPI'[Auswahl KPI Measure] = "Personalkosten"
            );
            [KPI IST] <= [KPI Plan]
        ); "#00FF0C";
        AND (
            OR (
```

```
                'Auswahl KPI'[Auswahl KPI Measure] = "Allgemeine Ver-
waltungskosten";
                'Auswahl KPI'[Auswahl KPI Measure] = "Personalkosten"
            );
            [KPI IST] > [KPI Plan] * 1,1
        ); "#F1FF13";
        AND (
            OR (
                'Auswahl KPI'[Auswahl KPI Measure] = "Allgemeine Ver-
waltungskosten";
                'Auswahl KPI'[Auswahl KPI Measure] = "Personalkosten"
            );
            [KPI IST] > [KPI Plan]
        ); "#FF0407";
        AND (
            'Auswahl KPI'[Auswahl KPI Measure] = "Umsatzkosten";
            [KPI IST] <= [KPI Plan]
        ); "#00FF0C";
        AND (
            'Auswahl KPI'[Auswahl KPI Measure] = "Umsatzkosten";
            [KPI IST] > [KPI Plan] * 1,1
        ); "#F1FF13";
        AND (
            'Auswahl KPI'[Auswahl KPI Measure] = "Umsatzkosten";
            [KPI IST] > [KPI Plan]
        ); "#FF0407"
    )
```

Zugegeben, dieser Dax Code ist recht lang, aber trotzdem sehr einfach zu verstehen. Es handelt sich um eine Switch Funktion mit 9 Argumenten. 3 Argumente für die KPIs „Umsatzerlöse" & „Ergebnis" je rot, gelb, grün. 3 Argumente für die KPIs „Allgemeine Verwaltungskosten" und „Personalkosten" je rot, gelb, grün und 3 Argumente für die KPI „Umsatzkosten" je rot, gelb, grün. Jedes neue Argument beginnt mit der and() Funktion und sagt folgendes am Beispiel des ersten Arguments aus:

```
AND (
        OR (
            'Auswahl KPI'[Auswahl KPI Measure] = "Umsatzerlöse";
            'Auswahl KPI'[Auswahl KPI Measure] = "Ergebnis"
        );
        [KPI IST] >= [KPI Plan]
    ); "#00FF0C"
```

Wenn die ausgewählte KPI „Umsatzerlöse" oder (or) „Ergebnis" lautet und (and) das Measure „KPI Ist" größer ist als das Measure „KPI Plan" liefere als Ergebnis die Farbe grün.

Die gleiche Logik ist in den weiteren Argumenten für alle anderen KPI – Farbkombinationen umgesetzt. Da die DAX and() und or() Funktionen nur 2 Argumente zulassen, habe ich für die KPI „Umsatzkosten" nochmal ein Dreierset an Argumenten schreiben müssen. Ansonsten hätte man diese natürlich mit in den 3 Argumenten für die KPIs „Umsatzerlöse" und „Ergebnis" mit aufführen können. Angewendet als Bezugswert für die Bedingte Formatierung liefert dieses Measure stets den gewünschten Vergleich zu den Planwerten. Alternativ kann man dieses Measure natürlich auch mit fixen Werten gestalten, wenn dies für den jeweiligen Anwendungsfall passender erscheint. Also zum Beispiel, dass die Personalkosten immer grün erscheinen, wenn sie unterhalb eines bestimmten Wertes liegen unabhängig von den Plan Zahlen. Dies ist im Grunde genommen genau das, was wir in dem Abschnitt über bedingte Formatierung nach Regeln gelernt haben, jedoch ist man mit einer Dax Formel flexibler, da man die Formatierung noch besser anpassen kann.

3.3.8 Formatierung des Dashboards

Wir verfügen somit über ein Dashboard, in dem wir eine gute GuV Übersicht auf monatliche und jährliche Basis haben, das Jahr und die Rundung dynamisch auswählen können und zusätzlich können wir uns die GuV Positionen als KPI im zeitlichen Verlauf (über das ausgewählte Jahr) in einem Säulendiagramm ansehen und erhalten über die bedingte Formatierung direkt eine Antwort auf die Frage, ob die jeweilige KPI in dem Monat besser oder schlechter performt hat als in der Planung. Ergänzt um ein einheitliches, in sich stimmiges Design haben wir somit ein professionelles Dashboard mit hoher Funktionalität geschaffen.

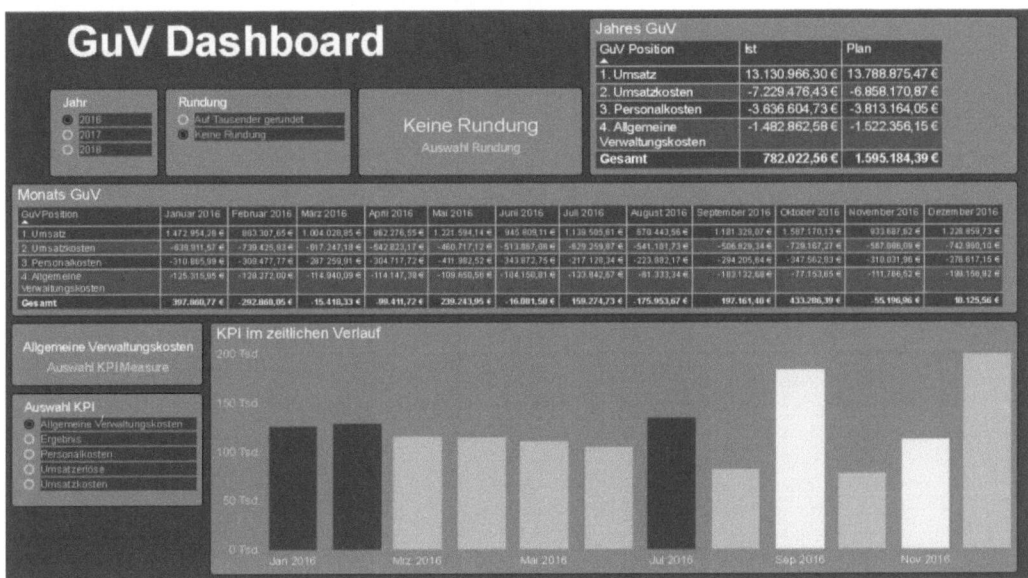

Wie auch beim ersten Beispiel in diesem Buch gehe ich nicht weiter auf die Formatierungsarbeiten ein, da die Möglichkeiten zur Formatierung bereits in meinem ersten Buch ausführlich beschrieben sind. Zudem können sie gerne die Beispieldatei öffnen und sich die einzelnen Konfigurationen ansehen.

4 Szenario 3 – Personaldashboard

4.1 Einleitung

Ausgangssituation für dieses Szenario ist ein Unternehmen mit 30 Mitarbeitern. Es soll ein Dashboard erstellt werden, aus welchem eine gute Übersicht über die Zeiten der Mitarbeiter in Form von geleisteten Arbeitsstunden, Urlaubs- und Krankheitstagen hervorgeht. Zur Verfügung steht uns zum einen ein Jahresplan, aus welchem die Urlaubs- und Krankheitstage hervorgehen sowie die Daten aus einer Stempeluhr. Die Stempeluhr liefert für jede Kalenderwoche eine Exceldatei, aus welcher die Anfangs- und Endzeiten der Mitarbeiter hervorgehen.

4.2 ETL Prozess

4.2.1 Daten entpivotieren

Schauen Sie sich die Dateien zu Szenario 3 an. Die Exceldatei „Jahresübersicht Urlaub & Krank 2018.xlsx" ist eine übersichtliche Datei, welche zeigt, welcher Mitarbeiter wann Urlaub genommen hat oder krank war und auch wann ein Feiertag war.

	A	B	C	D	E	F	G	H	I	J	K
1				KW01 2018					KW02 2018		
2	Mitarbeiter	01.01.2018	02.01.2018	03.01.2018	04.01.2018	05.01.2018	08.01.2018	09.01.2018	10.01.2018	11.01.2018	12.01.2
3	Rudolf Graf	F	u	u	u	u					
4	Sabine Schmidt	F									
5	Torsten Halt	F									
6	Kornelia Stucke	F	u	u	u	u	u	u	u	u	u
7	Jessica Stroiber	F	k	k	k						
8	Marcel Müller	F									
9	Sascha Dall	F									
10	Sebastian Heine	F									
11	Denise Robertz	F									
12	Carsten Hahne	F									
13	Markus Möhring	F	u	u	u						
14	Susanne Donner	F									
15	Maike Frentzel	F									
16	Christian Kamera	F									
17	Chris Valetta	F									
18	Katrin Weiersfeld	F									
19	Hannelore Rorig	F									

Diese Ansicht ist für das menschliche Auge erstmal sehr angenehm, da sie leicht zu verstehen und übersichtlich ist. Für Power BI sind die Daten in dieser Form jedoch erstmal unbrauchbar.

Wie auch in allen anderen bisherigen Beispiel benötigen wir die Daten in Datenbankform, also einen Datensatz für jeden Tag Urlaub, krank oder Feiertag pro Mitarbeiter mit fest definierten Spalten. Die Daten müssten also wie im nächsten Screenshot beispielhaft zu sehen in Power Query umgeformt werden.

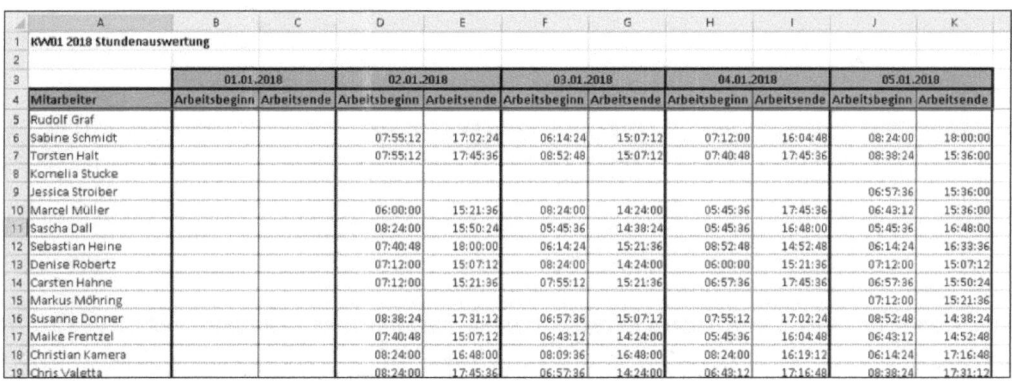

Werfen Sie nun einen Blick in eine der Stundenzettel Dateien. Vom Prinzip her muss hier die gleiche Umformung stattfinden.

	A	B	C	D	E	F	G	H	I	J	K
1	KW01 2018 Stundenauswertung										
2											
3		01.01.2018		02.01.2018		03.01.2018		04.01.2018		05.01.2018	
4	Mitarbeiter	Arbeitsbeginn	Arbeitsende	Arbeitsbeginn	Arbeitsende	Arbeitsbeginn	Arbeitsende	Arbeitsbeginn	Arbeitsende	Arbeitsbeginn	Arbeitsende
5	Rudolf Graf										
6	Sabine Schmidt			07:55:12	17:02:24	06:14:24	15:07:12	07:12:00	16:04:48	08:24:00	18:00:00
7	Torsten Halt			07:55:12	17:45:36	08:52:48	15:07:12	07:40:48	17:45:36	08:38:24	15:36:00
8	Kornelia Stucke										
9	Jessica Stroiber									06:57:36	15:36:00
10	Marcel Müller			06:00:00	15:21:36	08:24:00	14:24:00	05:45:36	17:45:36	06:43:12	15:36:00
11	Sascha Dall			08:24:00	15:50:24	05:45:36	14:38:24	05:45:36	16:48:00	05:45:36	16:48:00
12	Sebastian Heine			07:40:48	18:00:00	06:14:24	15:21:36	08:52:48	14:52:48	06:14:24	16:33:36
13	Denise Robertz			07:12:00	15:07:12	08:24:00	14:24:00	06:00:00	15:21:36	07:12:00	15:07:12
14	Carsten Hahne			07:12:00	15:21:36	07:55:12	15:21:36	06:57:36	17:45:36	06:57:36	15:50:24
15	Markus Möhring									07:12:00	15:21:36
16	Susanne Donner			08:38:24	17:31:12	06:57:36	15:07:12	07:55:12	17:02:24	08:52:48	14:38:24
17	Maike Frentzel			07:40:48	15:07:12	06:43:12	14:24:00	05:45:36	16:04:48	06:43:12	14:52:48
18	Christian Kamera			08:24:00	16:48:00	08:09:36	16:48:00	08:24:00	16:19:12	06:14:24	17:16:48
19	Chris Valetta			08:24:00	17:45:36	06:57:36	14:24:00	06:43:12	17:16:48	08:38:24	17:31:12

Zusätzlich stehen wir hier vor der Herausforderung, dass es sich nicht nur um eine Datei handelt, sondern um sehr viele Dateien (und in der Praxis jede Woche eine neue Datei hinzukommen würde). In diesem Zusammenhang werden Sie also lernen, wie sie automatisiert ganze Ordnerinhalte einlesen können. Dies ist sehr wertvoll in der Praxis, denn es gibt viele Anwendungsbeispiele, wo als Datenquelle eine Exceldatei dient, die in einem bestimmten

108

Rhythmus um weitere Datensätze ergänzt wird (durchhineinkopieren weiterer Datensätze in die Datei). Dies ist mit dieser Technik nicht mehr notwendig, es genügt, die neuen Datensätze einfach in einer neuen Datei in dem entsprechenden Ordner abzulegen.

Beginnen wir zuerst mit der Urlaubs- und Krankheitsübersicht. Erstellen Sie eine neue Power BI Datei und starten Sie eine Abfrage auf die Exceldatei „Jahresübersicht Urlaub & Krank 2018.xlsx". Als ersten Step verwenden wir die Erste Zeile der Datensätze als Überschrift. Zudem löschen wir in der Spalte „Mitarbeiter" alle Null Werte (rausfiltern) und wir scrollen ganz nach rechts und prüfen, ob dort leere Spalten enthalten sind, welche wir dann ebenfalls löschen. Wenn wir jetzt das Ergebnis betrachten, ist es identisch mit der Exceldatei. Die einzigen Unterschiede sind:

- Fehlende Farbgebung
- Zeile 1 aus der Exceldatei wurde nicht übernommen
- Anstatt leeren Zellen steht der Wert „Null" in den Zellen

	Aᴮ꜀ Mitarbeiter	Aᴮ꜀ 01.01.2018	Aᴮ꜀ 02.01.2018	Aᴮ꜀ 03.01.2018	Aᴮ꜀ 04.01.2018	Aᴮ꜀ 05.01.201
	30 verschieden, 30 eindeutig	1 verschieden, 0 eindeutig	3 verschieden, 0 eindeutig	3 verschieden, 1 eindeutig	3 verschieden, 0 eindeutig	3 verschieden,
1	Rudolf Graf	F	u		u	u	u
2	Sabine Schmidt	F		null	null	null	
3	Torsten Halt	F		null	null	null	
4	Kornelia Stucke	F	u		u	u	u
5	Jessica Stroiber	F	k		k	k	
6	Marcel Müller	F		null	null	null	
7	Sascha Dall	F		null	null	null	
8	Sebastian Heine	F		null	null	null	
9	Denise Robertz	F		null	null	null	
10	Carsten Hahne	F		null	null	null	
11	Markus Möhring	F	u		u	u	
12	Susanne Donner	F		null	null	null	
13	Maike Frentzel	F		null	null	null	
14	Christian Kamera	F		null	null	null	
15	Chris Valetta	F		null	null	null	
16	Katrin Weiersfeld	F		null	null	null	

Nun stehen wir vor der schwierigen Aufgabe, eine Übersichtliche Tabelle in Datensatzform umzuwandeln. Zu Zeiten, als es noch kein Power Query gab, wurden solche Arbeiten innerhalb von Excel entweder aufwendig per Hand erledigt oder es wurden komplizierte Makros geschrieben, die diese Aufgabe erledigten. Da diese Form der Datenumformung häufig notwendig ist, gibt es in Power Query extra für diesen Fall eine sehr einfache Lösung. Wir markieren die Spalte „Mitarbeiter" , gehen auf das Menüband „Transormieren" und betätigen anschließend den Pfeil am Button „Spalten entpivotieren" und wählen „Andere Spalten entpivotieren".

Die Spalte „Mitarbeiter" soll die Spalte sein, die weiterhin in den Zeilen aufgelistet werden soll, weshalb diese Spalte markiert wird und die Struktur der anderen Spalten entpivotiert wird. Tatsächlich ist diese schwierige Aufgabe, die noch vor wenigen Jahren viel Arbeit mit sich gebracht hätte mit diesem Mausklick bereits erledigt, wie Sie auf dem folgenden Screenshot bereits sehen können. Wir benennen lediglich noch die Spalte „Attribut" um zu „Datum" und ändern ebenso den Datentyp in „Datum" ab und die Spalte „Wert" benennen wir in „Art" um und vergeben den Datentyp „Text". Die Abfrage selbst nennen wir „Datensätze Urlaub und Krankheitstage". Die Abfrage ist an dieser Stelle erstmal fertig gestellt, jedoch werden wir an späterer Stelle nochmal eine Modifizierung vornehmen.

4.2.2 Tabellenstrukturen vertauschen & Ausfüllen

Als nächstes widmen wir uns der Erstellung der Abfrage zu den Stundenzettel Dateien.

Wie bereits erläutert haben wir den Ordner „Stundenzettel", welcher eine große Anzahl an Dateien enthält, welche es einzulesen gilt. Im ersten Schritt werden wir eine einzelne Datei einlesen und nach unseren Erfordernissen umformen. Wir starten also eine neue Abfrage in Power Query und laden die Datei der KW02 2018.

Prinzipiell ist es hier auch so, dass die Tabelle entpivotiert werden muss. Das Unterfangen gestaltet sich in diesem Fall jedoch ungemein schwieriger und aufwendiger, da die Struktur dieser Tabelle für eine derartige Umformung mit wenigen Mausklicks nachteilig angelegt ist und wir zu jedem Mitarbeiter und Datum zwei Spalten haben, die für die Datensätze relevant sind. Sobald die Datei in Power Query geladen ist, ergibt sich folgendes Bild:

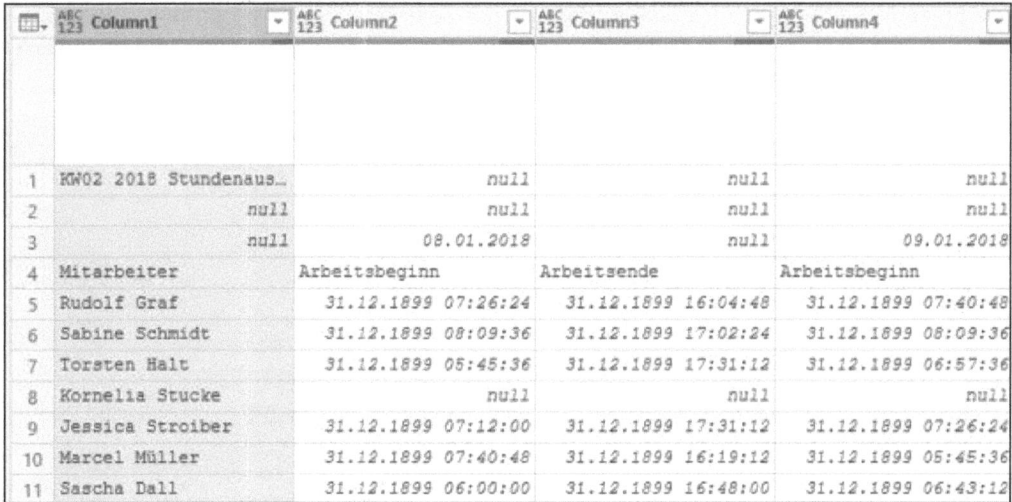

ABC 123 Column1	ABC 123 Column2	ABC 123 Column3	ABC 123 Column4
1 KW02 2018 Stundenaus…	null	null	null
2 null	null	null	null
3 null	08.01.2018	null	09.01.2018
4 Mitarbeiter	Arbeitsbeginn	Arbeitsende	Arbeitsbeginn
5 Rudolf Graf	31.12.1899 07:26:24	31.12.1899 16:04:48	31.12.1899 07:40:48
6 Sabine Schmidt	31.12.1899 08:09:36	31.12.1899 17:02:24	31.12.1899 08:09:36
7 Torsten Halt	31.12.1899 05:45:36	31.12.1899 17:31:12	31.12.1899 06:57:36
8 Kornelia Stucke	null	null	null
9 Jessica Stroiber	31.12.1899 07:12:00	31.12.1899 17:31:12	31.12.1899 07:26:24
10 Marcel Müller	31.12.1899 07:40:48	31.12.1899 16:19:12	31.12.1899 05:45:36
11 Sascha Dall	31.12.1899 06:00:00	31.12.1899 16:48:00	31.12.1899 06:43:12

Da die zuvor gezeigte Methode der Entpivotierung in diesem Fall nicht ohne weiteres funktioniert, gehe ich bei dieser Umformung einen etwas anderen Weg. Ich erstelle zu jeder Stundenzettel Datei 5 Abfragen (eine Abfrage für jeden Wochentag) und füge diese am Ende wieder zu einer Tabelle zusammen. Hierzu entferne ich im ersten Schritt alle Spalten außer Column1, Column2 und Column3 um erstmal nur die Namen und die Daten des ersten Wochentags zu erhalten. Markieren Sie hierzu bitte die 3 Spalten, Klicken Sie auf Ihre rechte Maustaste und wählen Sie „Andere Spalten entfernen".

Anschließend fügen Sie bitte eine benutzerdefinierte Spalte mit folgendem Setup hinzu:

Das Ergebnis ist eine weitere Spalte, die in jeder Zeile den Wert Null enthält. Diese Spalte verwende ich, um im folgenden in jeder Zeile das Datum (08.01.2018) erscheinen zu lassen. Dieses steht derzeit noch an einer Stelle, an der wir es nicht gut verwenden können.

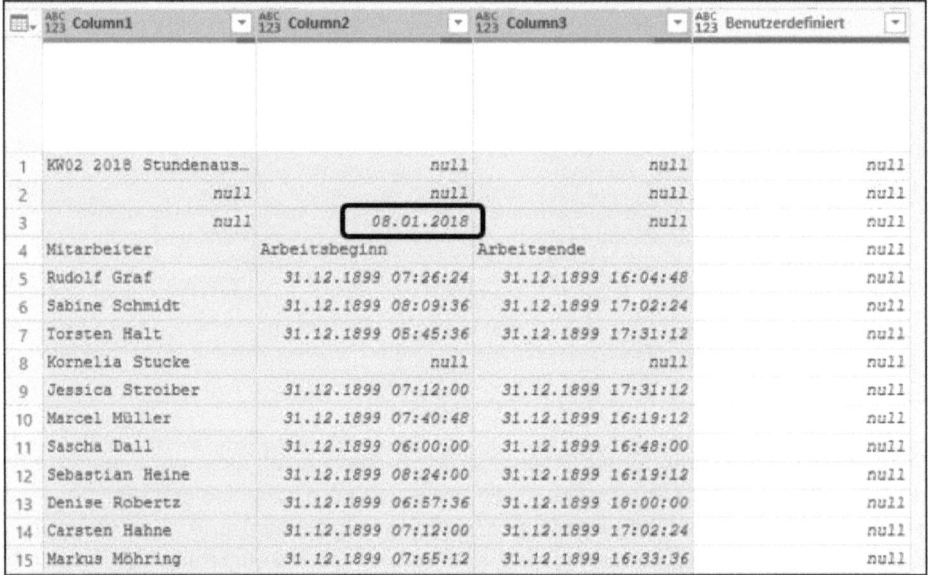

Jetzt drehen wir die komplette Tabelle, indem wir im Menüband Transormieren den Button „Vertauschen" betätigen.

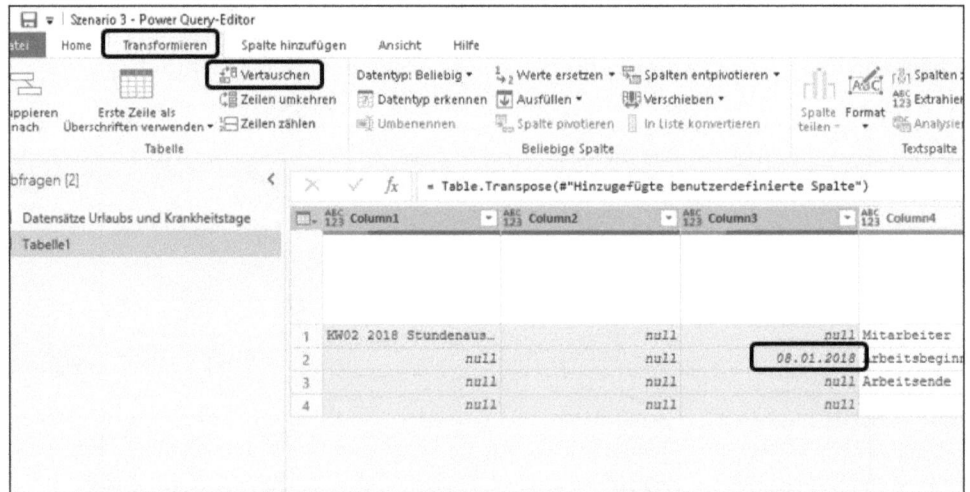

Dies ist nur ein notwendiger Zwischenschritt, um unserem Ziel näher zu kommen, das Datum in jeder Zeile der Spalte erscheinen zu lassen, wo derzeit überall Null steht. In der jetzigen Ansicht markieren wir die Spalte „Column3" und betätigen ebenfalls im Menüband „Transformieren" den Pfeil am Button „Ausfüllen" und wählen „Nach Unten" aus. Dies hat zur Folge, dass in der ausgewählten Spalte „Column3" sämtliche Werte so lange nach unten fortgeschrieben werden, bis sie auf einen neuen Wert stoßen. Da der Ausdruck Null in diesem Sinne kein Wert ist, wird er einfach mit dem Datum überschrieben bis zum Ende der Tabelle.

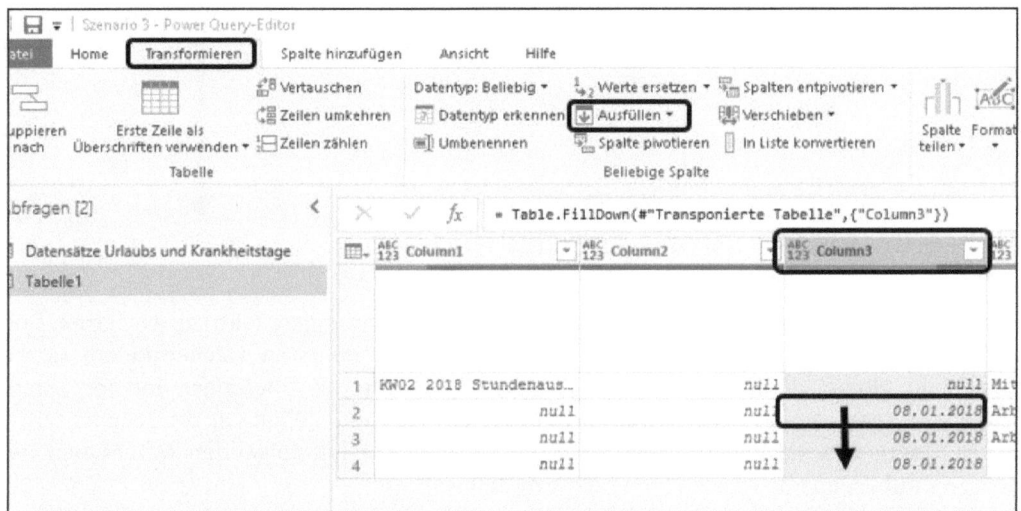

Wir klicken nun nochmal den Button „Vertauschen" um die Tabelle in ihrer alten Form wieder zu erhalten. Wie wir sehen, ist das Datum nun nicht nur in Column2 enthalten, sondern ebenso in Column3 und Column4, da wir dieses Feld in der verdrehten Tabelle nach unten hin ausgefüllt haben. Leider ist es nicht möglich, Werte nach rechts oder links auszufüllen, ansonsten wäre dieser Schritt nicht nötig gewesen. Nun markieren wir „Column4" und betätigen nochmal den Button „Ausfüllen – nach Unten" und somit erhalten wir in Column4 in jeder Zeile das gewünschte Datum.

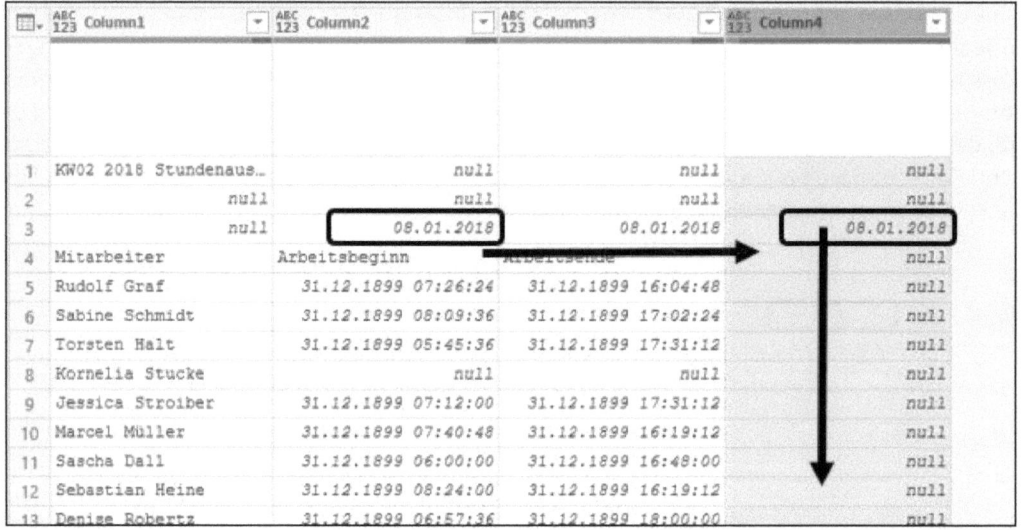

123 Column1	123 Column2	123 Column3	123 Column4
1	KW02 2018 Stundenaus…	null	null	null
2	null	null	null	null
3	null	08.01.2018	08.01.2018	08.01.2018
4	Mitarbeiter	Arbeitsbeginn	Arbeitsende	null
5	Rudolf Graf	31.12.1899 07:26:24	31.12.1899 16:04:48	null
6	Sabine Schmidt	31.12.1899 08:09:36	31.12.1899 17:02:24	null
7	Torsten Halt	31.12.1899 05:45:36	31.12.1899 17:31:12	null
8	Kornelia Stucke	null	null	null
9	Jessica Stroiber	31.12.1899 07:12:00	31.12.1899 17:31:12	null
10	Marcel Müller	31.12.1899 07:40:48	31.12.1899 16:19:12	null
11	Sascha Dall	31.12.1899 06:00:00	31.12.1899 16:48:00	null
12	Sebastian Heine	31.12.1899 08:24:00	31.12.1899 16:19:12	null
13	Denise Robertz	31.12.1899 06:57:36	31.12.1899 18:00:00	null

Als nächstes können wir uns darum kümmern, die oben unnötigen Zeilen zu entfernen und die Spaltenüberschriften zu bereinigen. Wir entfernen die obersten 4 Zeilen indem wir im Menüband „Home" den kleinen Pfeil am Button „Zeilen entfernen" betätigen und dort „Erste Zeilen entfernen" auswählen. Im auftauchenden Kontextmenü geben wir die Zeilenanzahl 4 an. Nun vergeben wir die korrekten Spaltenüberschriften mit folgenden Datentypen die gleich darauf angepasst werden (von rechts nach links):

Mitarbeiter; Datentyp Text
Arbeitsbeginn; Datentyp Zeit
Arbeitsende; Datentyp Zeit
Datum; Datentyp Datum

Die Spalte „Datum" verschieben wir rechts neben die Spalte „Mitarbeiter". In der Spalte „Mitarbeiter" filtern wir die Zeilen mit „Null" heraus. Zum Schluss markieren wir die Spalten „Arbeitsbeginn" und „Arbeitsende", gehen auf den Button „Werte ersetzen" im Menüband „Home" und ersetzen „null" durch „00:00:00".

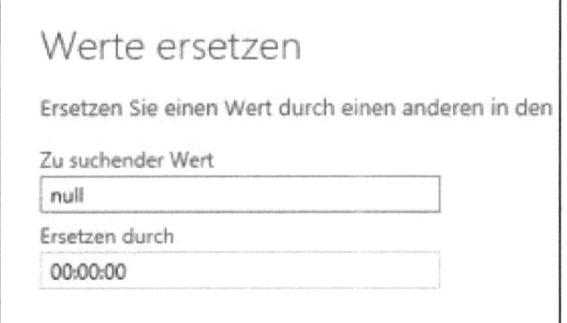

Wir benennen die Abfrage um zu „Erster Tag Stundenzettel". Somit wären die Umformungen an dieser Stelle erstmal beendet.

	Mitarbeiter ▾	Datum ▾	Arbeitsbeginn ▾	Arbeitsende ▾
	30 verschieden, 30 eindeutig	1 verschieden, 0 eindeutig	13 verschieden, 5 eindeutig	15 verschieden, 5 eindeutig
1	Rudolf Graf	08.01.2018	07:26:24	16:04:48
2	Sabine Schmidt	08.01.2018	08:09:36	17:02:24
3	Torsten Halt	08.01.2018	05:45:36	17:31:12
4	Kornelia Stucke	08.01.2018	00:00:00	00:00:00
5	Jessica Stroiber	08.01.2018	07:12:00	17:31:12
6	Marcel Müller	08.01.2018	07:40:48	16:19:12
7	Sascha Dall	08.01.2018	06:00:00	16:48:00
8	Sebastian Heine	08.01.2018	08:24:00	16:19:12
9	Denise Robertz	08.01.2018	06:57:36	18:00:00
10	Carsten Hahne	08.01.2018	07:12:00	17:02:24
11	Markus Möhring	08.01.2018	07:55:12	16:33:36
12	Susanne Donner	08.01.2018	08:52:48	15:07:12
13	Maike Frentzel	08.01.2018	06:00:00	17:31:12

Halten wir uns kurz noch einmal vor Augen, was wir hier abgefragt haben. Wir haben den ersten von 5 Tagen aus einer Exceldatei abgefragt und in brauchbare Datenbankform umgeformt. Wir müssen also aus dieser Datei noch 4 weitere Tage abfragen und das Ganze noch für sämtliche weiteren Dateien in diesem Ordner ebenso durchführen. Ich gehe im Folgenden so vor, dass ich erstmal den ersten Tag zu allen Stundenzetteln abfragen werde, anschließend das gleiche für die 4 weiteren Tage erledigen werde.

4.2.3 Power Query Functions für Massenabfragen nutzen

Um mehrere Dateien aus einem Ordner abzufragen, verwende ich Power Query functions . Hiermit kann ich eine Abfrage auf mehrere Dateien anwenden. Wir haben jetzt eine Abfrage für den ersten Tag der Woche geschrieben, wandeln diese Abfrage in eine function um und wenn diese dann auf alle weiteren Stundenzettel Dateien an. Zuerst fertigen wir eine Kopie der Abfrage „Erster Tag Stundenzettel" an und nennen diese „Erster Tag Stundenzettel Abfrage". Diese Kopie dient lediglich dazu, später bei Bedarf die einzelnen Schritte der Abfrage nochmal ändern zu können. Sobald die Abfrage in eine function umgewandelt wurde, geht dieses nämlich nicht mehr ohne weiteres. Die Ursprüngliche Abfrage benennen wir um zu „Erster Tag Stundenzettel function". Zudem legen wir eine Gruppe an mit dem Namen „Erster Tag Stundenzettel", in welche wir beide zugehörigen Abfragen verschieben (eine Gruppe kann angelegt werden, indem man in dem Bereich, wo die Abfragen angeordnet sind, die rechte Maustaste betätigt und anschließend „Neue Gruppe" auswählt. Gruppen dienen der übersichtlicheren Organisation bei vielen vorhandenen Abfragen.

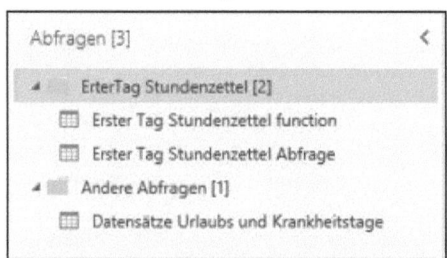

Um die Abfrage in eine function umzuwandeln, wählen wir die Abfrage „Erster Tag Stundenzettel function" aus und gehen über das Menüband „Home" und den „Button" „Erweiterter Editor" direkt in den M-Code der Abfrage.

Erster Tag Stundenzettel function

```
1   let
2       Quelle = Excel.Workbook(File.Contents("C:\Users
3       Tabelle1_Sheet = Quelle{[Item="Tabelle1",Kind="Sheet"]}[Data],
4       #"Andere entfernte Spalten" = Table.SelectColumns(Tabelle1_Sheet,{"Column1", "Colu
5       #"Hinzugefügte benutzerdefinierte Spalte" = Table.AddColumn(#"Andere entfernte Spa
6       #"Transponierte Tabelle" = Table.Transpose(#"Hinzugefügte benutzerdefinierte Spalt
7       #"Nach unten gefüllt" = Table.FillDown(#"Transponierte Tabelle",{"Column3"}),
8       #"Transponierte Tabelle1" = Table.Transpose(#"Nach unten gefüllt"),
9       #"Nach unten gefüllt1" = Table.FillDown(#"Transponierte Tabelle1",{"Column4"}),
10      #"Entfernte oberste Zeilen" = Table.Skip(#"Nach unten gefüllt1",4),
11      #"Umbenannte Spalten" = Table.RenameColumns(#"Entfernte oberste Zeilen",{{"Column1
12      #"Geänderter Typ1" = Table.TransformColumnTypes(#"Umbenannte Spalten",{{"Mitarbeit
13      #"Neu angeordnete Spalten" = Table.ReorderColumns(#"Geänderter Typ1",{"Mitarbeiter
14      #"Gefilterte Zeilen1" = Table.SelectRows(#"Neu angeordnete Spalten", each ([Mitarb
15      #"Ersetzter Wert" = Table.ReplaceValue(#"Gefilterte Zeilen1",null,#time(0, 0, 0),R
16  in
17      #"Ersetzter Wert"
```

Am Anfang des Codes finden wir den Ausdruck „let" und in der vorletzten Zeile den Ausdruck „in". Zwischen diesen beiden Ausdrücken finden wir die einzelnen Umformungsschritte, die wir zuvor designed haben. Am Ende einer jeden Zeile (außer nach der letzten Zeile der Umformungsschritte) finden wir ein Komma. Die einzelnen Schritte sind miteinander verknüpft, indem die Bezeichnung des vorherigen Schrittes (die Bezeichnung ist der erste Ausdruck vor dem Gleichheits Zeichen) in der nächsten Zeile nach dem Gleichheitszeichen wiederholt wird. Also in Zeile 4 zum Beispiel wäre die Bezeichnung „Andere entfernte Spalten". Im darauffolgenden Schritt in Zeile 5 nach dem Gleichheits Zeichen und der auszuführenden Operation können wir sehen, dass der Ausdruck wiederholt wird.

Nach dem „in" Ausdruck (vorletzte Zeile) muss nochmal die Bezeichnung des letzten Schrittes wiederholt werden, um die Abfrage abzuschließen. Dies soll nur erstmal als kleiner Überblick dienen, wie eine M-Abfrage aufgebaut ist.

In unserem konkreten Fall geht es jetzt darum, die Abfrage so umzugestalten, dass der Dateiname nicht fix im Code verankert ist, sondern variabel verändert werden kann und die Abfrage somit für alle Stundenzettel Dateien nutzbar macht.

Hierzu umhüllen wir zuerst die komplette Abfrage mit einer weiteren „let-in" Funktion.

Wir schreiben vor dem jetzt bestehenden Code:

let

Erster Tag = (Dateiname)=>

Und am Ende des Codes hängen wir folgendes an:

in

Erster Tag

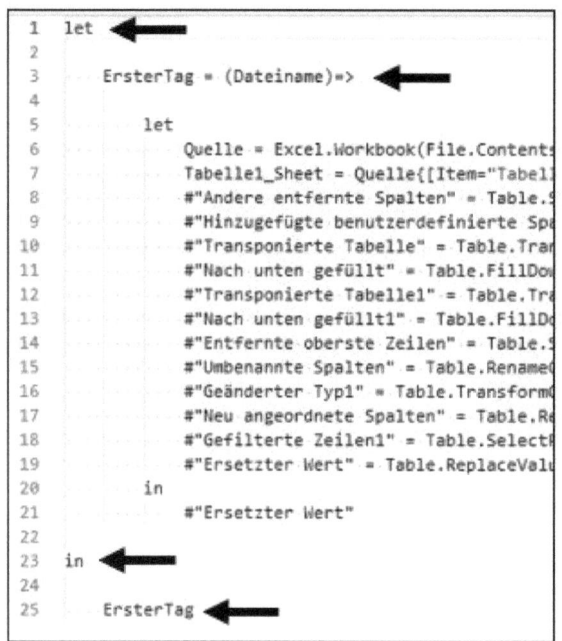

M-Code ist sehr sensibel. Eine häufige Fehlerursache ist, dass Groß- und Kleinschreibung nicht beachtet wird. Die Wörter „let" und „in" müssen klein geschrieben werden.

Als nächstes ersetzen wir die Stelle des M Codes, der den Namen der Datei enthält, die wir abfragen durch (Dateiname). Die Änderung ist in Zeile 6 wie folgt vorzunehmen:

Dateipfad vor Änderung:
("C:\Users\OneDrive\Arbeitsdateien\Szenario 3\Stundenzettel\KW02 2018.xlsx")

Dateipfad nach Änderung:
("C:\Users\OneDrive\Arbeitsdateien\Szenario 3\Stundenzettel**"&(Dateiname))**

Zu Bedenken ist natürlich, dass bei Ihnen der Dateipfad angezeigt wird, den Sie bei Erstellung der Abfrage verwenden, der hintere Teil, der geändert wird, sollte jedoch identisch mit der obigen Abbildung sein.

Die Abfrage ist somit vollständig in eine function umgewandelt und wir bestätigen mit „Fertig". (Kleiner Hinweis: Wenn Sie die Power BI Beispieldatei zu diesem Szenario herunterladen und nutzen möchten, müssen Sie den Pfad in den functions an diesem Schritt manuell anpassen. Der Weg über die Datenquelleneinstellungen wie in Kapitel 2.1 beschrieben funktioniert für die functions nicht). Sie werden nun feststellen, dass das Symbol der vorigen Abfrage sich geändert hat, was anzeigt, dass es sich nun um eine function handelt und wenn Sie diese anklicken, sehen Sie in der Mitte des Bildschirms nicht wie gewohnt eine Tabelle zum Bearbeiten, sondern eine Eingabemaske.

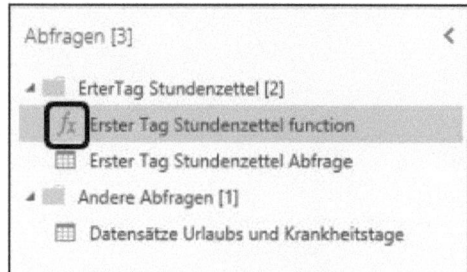

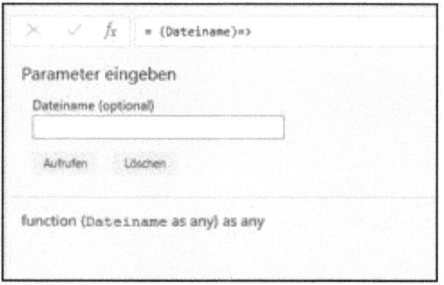

Die Eingabemaske der function dient dazu, einen Dateinamen einzugeben und die vorher designte Abfrage auf diese Datei zu starten. Wir testen es, indem wir „KW18 2018.xlsx" als Dateiname festlegen und „Aufrufen" betätigen.

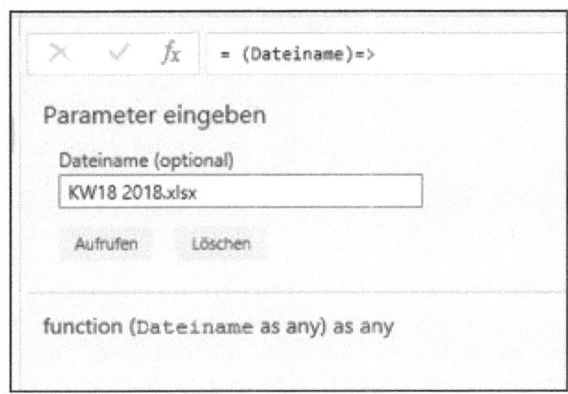

Daraufhin erscheint die Abfrage zu der Datei „KW18 2018.xlsx.". In dem Moment, wo wir „Aufrufen" betätigt haben, wurde eine neue Abfrage mit dem Namen „Aufgerufene Funktion" mit dem eingegebenen Parameter erstellt. Die ursprüngliche function bleibt unverändert bestehen und wir können auf diese Weise beliebig viele der Stundenzettel Dateien in Power Query laden. Die neue Abfrage „Aufgerufene Funktion" kann an dieser Stelle jedoch direkt wieder

gelöscht werden, da sie nicht weiter benötigt wird.

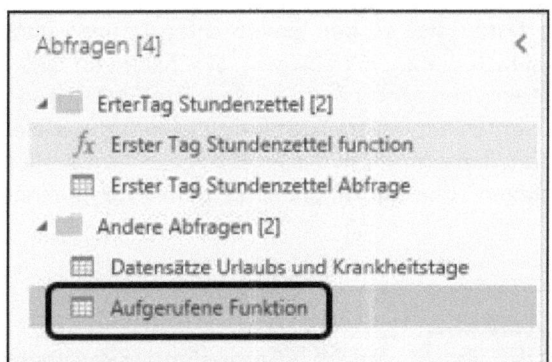

Dies ist schonmal einen Schritt weiter, jedoch möchten wir mit einer Abfrage sämtliche Dateien einlesen und zudem auch nicht jedes Mal, wenn eine neue Datei hinzukommt, diese manuell über die function einlesen und weiterverarbeiten. Deshalb erstellen wir eine weitere Abfrage, die uns dies ermöglicht.
Gehen Sie auf Neue Quelle und wählen Sie als Quelle „Mehr..." und anschließend „Ordner" aus. Im anschließend auftauchenden Fenster wählen Sie den Ordnerpfad aus, in welchem die Stundenzettel Dateien abgelegt sind und bestätigen Sie mit „Daten transformieren". Als Ergebnis erhalten wir eine Tabelle, die den gesamten Inhalt des Ordners darstellt.

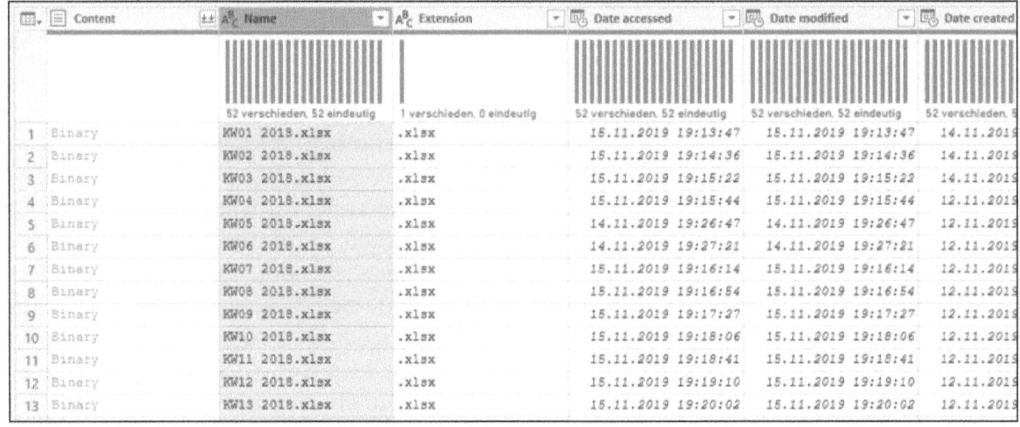

Content	Name	Extension	Date accessed	Date modified	Date created
	52 verschieden, 52 eindeutig	1 verschieden, 0 eindeutig	52 verschieden, 52 eindeutig	52 verschieden, 52 eindeutig	52 verschieden, 5
1 Binary	KW01 2018.xlsx	.xlsx	15.11.2019 19:13:47	15.11.2019 19:13:47	14.11.2019
2 Binary	KW02 2018.xlsx	.xlsx	15.11.2019 19:14:36	15.11.2019 19:14:36	14.11.2019
3 Binary	KW03 2018.xlsx	.xlsx	15.11.2019 19:15:22	15.11.2019 19:15:22	14.11.2019
4 Binary	KW04 2018.xlsx	.xlsx	15.11.2019 19:15:44	15.11.2019 19:15:44	12.11.2019
5 Binary	KW05 2018.xlsx	.xlsx	14.11.2019 19:26:47	14.11.2019 19:26:47	12.11.2019
6 Binary	KW06 2018.xlsx	.xlsx	14.11.2019 19:27:21	14.11.2019 19:27:21	12.11.2019
7 Binary	KW07 2018.xlsx	.xlsx	15.11.2019 19:16:14	15.11.2019 19:16:14	12.11.2019
8 Binary	KW08 2018.xlsx	.xlsx	15.11.2019 19:16:54	15.11.2019 19:16:54	12.11.2019
9 Binary	KW09 2018.xlsx	.xlsx	15.11.2019 19:17:27	15.11.2019 19:17:27	12.11.2019
10 Binary	KW10 2018.xlsx	.xlsx	15.11.2019 19:18:06	15.11.2019 19:18:06	12.11.2019
11 Binary	KW11 2018.xlsx	.xlsx	15.11.2019 19:18:41	15.11.2019 19:18:41	12.11.2019
12 Binary	KW12 2018.xlsx	.xlsx	15.11.2019 19:19:10	15.11.2019 19:19:10	12.11.2019
13 Binary	KW13 2018.xlsx	.xlsx	15.11.2019 19:20:02	15.11.2019 19:20:02	12.11.2019

Das einzige, was wir hiervon benötigen sind die Dateibezeichnungen, die im Ordner enthalten sind. Diese finden wir in der Spalte „Name" wieder. Wir markieren also die Spalte „Name", betätigen die rechte Maustaste und wählen „Andere Spalten entfernen". In der Praxis ist darauf zu achten, dass sich wirklich nur die gewünschten Dateien in dem Ordner befinden. Sollte dies nicht möglich sein, muss man vorab noch durch weitere Filterung und Umformungen die Tabelle so umformen, dass nur die Datensätze zu den gewünschten Dateien übrig bleiben (oder die unerwünschten Dateien einfach wo anders ablegen). Wir haben an dieser Stelle eine einfache Auflistung über die Dateinamen sämtlicher Stundenzettel Dateien, die wir abfragen möchten. Im nächsten Schritt werden wir unsere function zu all diesen Dateien auf einmal aufrufen und das Ergebnis aller function Aufrufe in dieser Abfrage vereinen. Hierzu wählen wir im Menüband „Spalte hinzufügen" den Button „Benutzerdefinierte Funktion aufrufen".

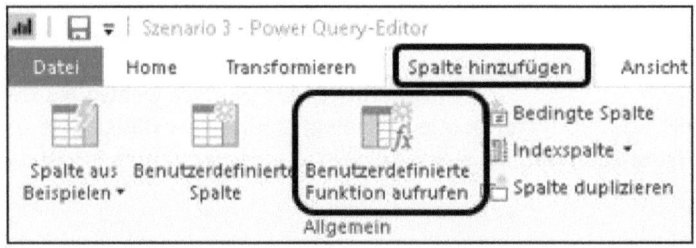

Es erscheint ein neues Fenster. In oberstem Eingabefenster vergeben wir einen Namen für die neue Spalte. In diesem Fall belassen wir den Namen bei „Erster Tag Stundenzettel function" (der Name erscheint erst, wenn Sie die anderen beiden Auswahlmöglichkeiten getroffen haben). Bei der Auswahlmöglichkeit Funktionsabfrage bestimmen wir, welche function wir aufrufen möchten. Hier wählen wir die zuvor erstellte function „Erster Tag Stundenzettel function" aus. Die function verfügt über einen Parameter, den wir bei Direktaufruf der function manuell in die Eingabemaske eingegeben haben. Da wir hier einen Massenaufruf der function starten, ist die manuelle Eingabe nicht möglich (und wäre viel zu umständlich), der Parameter, also der Dateiname muss bereits in einer Spalte vorliegen. Dies ist hier glücklicherweise bereits der Fall, da wir ja über eine Liste mit allen Dateinamen verfügen, die als Parameter der function dienen können. Wir wählen im letzten Auswahlfenster also die Spalte „Name" und bestätigen unsere Auswahl mit „OK".

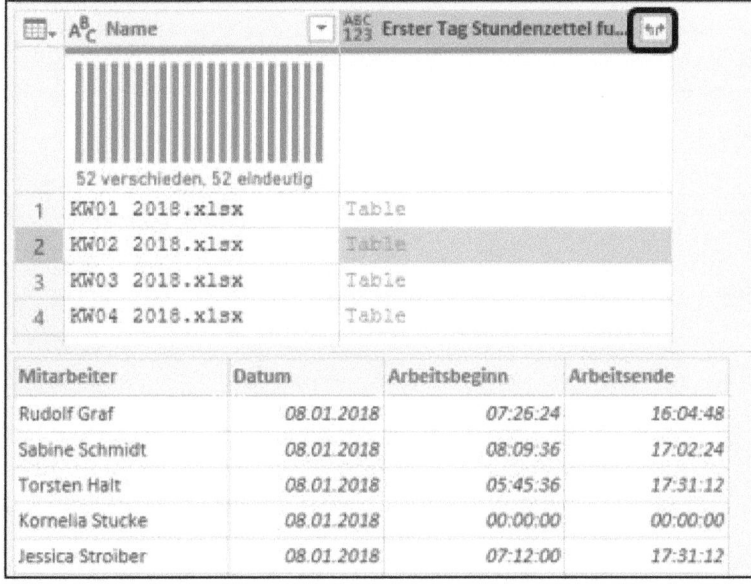

Wir haben in der neu erzeugten Spalte in jeder Zeile unsere function aufgerufen. In jeder Zeile sehen wir in gelber Schrift das Wort „Table", was anzeigt, dass sich hinter jeder dieser Zellen eine weitere Tabelle verbirgt. Wenn wir in eine Zelle mit „Table" klicken (nur in die Zelle klicken, nicht das

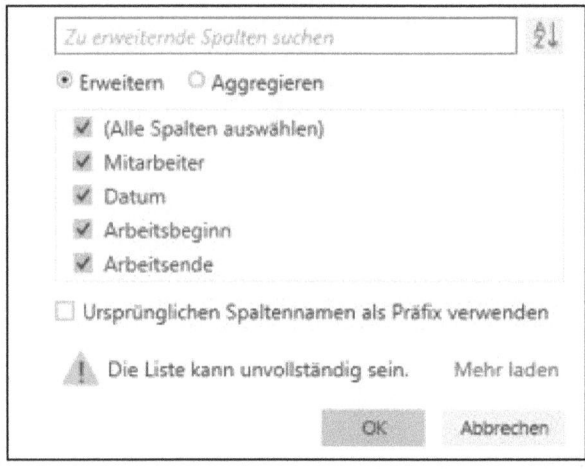

Wort „Table" direkt anklicken), sehen wir im unteren Bereich den Inhalt der jeweiligen Tabelle.

Jetzt ist es noch erforderlich, sämtliche Tabelleninhalte in einer Tabelle zusammen zu bringen. Die Spalte „Name" wird ab jetzt nicht mehr benötigt und kann entfernt werden.

Die neu erstellte Spalte verfügt (wie im vorletzten Screenshot markiert) über eine Möglichkeit, die hinter dieser Spalte liegenden Tabellen auszuklappen. Wir betätigen den Button, wählen im anschließend auftauchenden Fenster alle Spalten aus und entfernen den Haken bei „Ursprünglichen Spaltennamen als Präfix verwenden" und bestätigen mit „OK".

Als Ergebnis erhalten wir die gewünschte Tabelle. Sie enthält die Daten des ersten Tages aus allen Stundenzettel Dateien, die in dem Ordner vorhanden sind.

	Mitarbeiter	Datum	Arbeitsbeginn	Arbeitsende
1	Rudolf Graf	01.01.2018	00:00:00	00:00:00
2	Sabine Schmidt	01.01.2018	00:00:00	00:00:00
3	Torsten Halt	01.01.2018	00:00:00	00:00:00
4	Kornelia Stucke	01.01.2018	00:00:00	00:00:00
5	Jessica Stroiber	01.01.2018	00:00:00	00:00:00
6	Marcel Müller	01.01.2018	00:00:00	00:00:00
7	Sascha Dall	01.01.2018	00:00:00	00:00:00
8	Sebastian Heine	01.01.2018	00:00:00	00:00:00
9	Denise Robertz	01.01.2018	00:00:00	00:00:00
10	Carsten Hahne	01.01.2018	00:00:00	00:00:00
11	Markus Möhring	01.01.2018	00:00:00	00:00:00
12	Susanne Donner	01.01.2018	00:00:00	00:00:00
13	Maike Frentzel	01.01.2018	00:00:00	00:00:00
14	Christian Kamera	01.01.2018	00:00:00	00:00:00

= Table.ExpandTableColumn(#"Entfernte Spalten", "Erster Tag Stundenzettel function",

Wir benennen die Abfrage um zu „Erster Tag Stundenzettel Alle Dateien" und schieben sie in die Gruppe „Erster Tag Stundenzettel". Als nächstes gilt es, diese Abfrage auch für die anderen 4 Tage der Stundenzettel zu bauen und am Ende alles in einer Tabelle zusammen zu fügen.

Wir legen hierzu für jeden weiteren Tag eine weitere Gruppe an und kopieren die Abfragen und Funktionen in die jeweiligen Gruppen und nennen sie entsprechend um. Wenn Sie die Abfrage „Erster Tag Stundenzettel Alle Dateien" kopieren, wird automatisch eine Kopie der dazugehörigen function erstellt. Die Struktur der Abfragen sollte dann wie auf dem Screenshot links aussehen.

4.2.4 Im M-Code arbeiten

Derzeit liefern alle Abfragen als Ergebnis noch den ersten Tag aus den Stundenzettel Dateien. Um dies zu ändern, öffnen wir nacheinander den M-Code aller Abfragen und Funktionen (Menüband Home, Erwitereter Editor) und ändern dort direkt, welche Spalten enthalten bleiben sollen für die Abfrage. Beginnen wir mit der Abfrage „Zweiter Tag Stundenzettel Abfrage". Die Änderung ist lediglich in Zeile 4 vorzunehmen:

Zeile 4 vor Änderung:
#"Andere entfernte Spalten" = Table.SelectColumns(Tabelle1_Sheet,{"Column1", "Column2", "Column3"}),

Zeile 4nach Änderung:
#"Andere entfernte Spalten" = Table.SelectColumns(Tabelle1_Sheet,{"Column1", "Column**4**", "Column**5**"}),

Column1 bleibt stets enthalten, da hier die Mitarbeiter aufgelistet sind. Column2 enthält die Startzeit des ersten Tages. Um hier die Startzeit des zweiten Tages zu erhalten, ersetzen wir dies durch Column4. Genauso verhält es sich bei der Endzeit des ersten Tages. Hier muss nur Column3 durch Column5 ersetzt werden. Diese Abfrage ist im Grunde genommen nur eine Sicherheitskopie der function, die besser für etwaige Fehlersuche geeignet ist, hat jedoch keinen Einfluss auf den Verlauf des weiterführenden Abfrageflusses.

Die gleichen Werte müssen auch im Code der dazugehörigen function geändert werden (also die function „Zweiter Tag Stundenzettel function"). Ebenso sollte in der function auch die Bezeichnung „Erster Tag" durch „Zweiter Tag" geändert werden. Dies hat keine technischen Auswirkungen. Jedoch ist der Code dadurch sauberer und für das menschliche Auge besser zu interpretieren.

Function Code vor Änderung:

```
1   let
2
3       ErsterTag = (Dateiname)=>
4
5           let
6               Quelle = Excel.Workbook(File.Contents("C:\Users\
7               Tabelle1_Sheet = Quelle{[Item="Tabelle1",Kind="Sheet"]}[Data],
8               #"Andere entfernte Spalten" = Table.SelectColumns(Tabelle1_Sheet,{"Column1", "Column2", "Column3"}),
9               #"Hinzugefügte benutzerdefinierte Spalte" = Table.AddColumn(#"Andere entfernte Spalten", "Benutzerde
10              #"Transponierte Tabelle" = Table.Transpose(#"Hinzugefügte benutzerdefinierte Spalte"),
11              #"Nach unten gefüllt" = Table.FillDown(#"Transponierte Tabelle",{"Column3"}),
12              #"Transponierte Tabelle1" = Table.Transpose(#"Nach unten gefüllt"),
13              #"Nach unten gefüllt1" = Table.FillDown(#"Transponierte Tabelle1",{"Column4"}),
14              #"Entfernte oberste Zeilen" = Table.Skip(#"Nach unten gefüllt1",4),
15              #"Umbenannte Spalten" = Table.RenameColumns(#"Entfernte oberste Zeilen",{{"Column1", "Mitarbeiter"},
16              #"Geänderter Typ1" = Table.TransformColumnTypes(#"Umbenannte Spalten",{{"Mitarbeiter", type text}, {
17              #"Neu angeordnete Spalten" = Table.ReorderColumns(#"Geänderter Typ1",{"Mitarbeiter", "Datum", "Arbeit
18              #"Gefilterte Zeilen1" = Table.SelectRows(#"Neu angeordnete Spalten", each ([Mitarbeiter] <> null)),
19              #"Ersetzter Wert" = Table.ReplaceValue(#"Gefilterte Zeilen1",null,#time(0, 0, 0),Replacer.ReplaceValu
20          in
21              #"Ersetzter Wert"
22
23  in
24
25      ErsterTag
```

Function Code nach Änderung:

```
1   let
2
3       ZweiterTag = (Dateiname)=>
4
5           let
6               Quelle = Excel.Workbook(File.Contents("C:\Users\
7               Tabelle1_Sheet = Quelle{[Item="Tabelle1",Kind="Sheet"]}[Data],
8               #"Andere entfernte Spalten" = Table.SelectColumns(Tabelle1_Sheet,{"Column1", "Column4", "Column5"}),
9               #"Hinzugefügte benutzerdefinierte Spalte" = Table.AddColumn(#"Andere entfernte Spalten", "benutzerdefi
10              #"Transponierte Tabelle" = Table.Transpose(#"Hinzugefügte benutzerdefinierte Spalte"),
11              #"Nach unten gefüllt" = Table.FillDown(#"Transponierte Tabelle",{"Column3"}),
12              #"Transponierte Tabelle1" = Table.Transpose(#"Nach unten gefüllt"),
13              #"Nach unten gefüllt1" = Table.FillDown(#"Transponierte Tabelle1",{"Column4"}),
14              #"Entfernte oberste Zeilen" = Table.Skip(#"Nach unten gefüllt1",4),
15              #"Umbenannte Spalten" = Table.RenameColumns(#"Entfernte oberste Zeilen",{{"Column1", "Mitarbeiter"},
16              #"Geänderter Typ1" = Table.TransformColumnTypes(#"Umbenannte Spalten",{{"Mitarbeiter", type text}, {"A
17              #"Neu angeordnete Spalten" = Table.ReorderColumns(#"Geänderter Typ1",{"Mitarbeiter", "Datum", "Arbeits
18              #"Gefilterte Zeilen1" = Table.SelectRows(#"Neu angeordnete Spalten", each ([Mitarbeiter] <> null)),
19              #"Ersetzter Wert" = Table.ReplaceValue(#"Gefilterte Zeilen1",null,#time(0, 0, 0),Replacer.ReplaceValue
20          in
21              #"Ersetzter Wert"
22
23      in
24
25      ZweiterTag
```

Nun muss noch die Abfrage „Zweiter Tag Stundenzettel Alle Dateien" angepasst werden. Öffnen Sie hierzu auch den M-Code. Hier sind entsprechend Änderungen vorzunehmen, da diese Abfrage nicht mehr auf die function zum ersten Tag, sondern zum zweiten Tag zugreifen soll. Es muss im Code einfach an 5 Stellen das Wort „Erster" durch „Zweiter" ausgetauscht werden. Nutzen Sie die folgenden Screenshots lediglich als Orientierung, wo Sie die Wörter finden. Da der M-Code sehr in die Länge geht, sind sie leider kaum lesbar.

Abfrage Code vor Änderung:

```
1   let
2       Quelle = Folder.Files("C:\Users\                                    \Arbeitsdateien\Szenario 3\Stundenzettel"),
3       #"Andere entfernte Spalten" = Table.SelectColumns(Quelle,{"Name"}),
4       #"Aufgerufene benutzerdefinierte Funktion" = Table.AddColumn(#"Andere entfernte Spalten", "Erster Tag Stundenzettel function", each #"Erster Tag Stundenzettel function"([N
5       #"Entfernte Spalten" = Table.RemoveColumns(#"Aufgerufene benutzerdefinierte Funktion",{"Name"}),
6       #"Erweiterte Erster Tag Stundenzettel function" = Table.ExpandTableColumn(#"Entfernte Spalten", "Erster Tag Stundenzettel function", {"Mitarbeiter", "Datum", "Arbeitsbegin
7   in
8       #"Erweiterte Erster Tag Stundenzettel function"
```

Abfrage Code nach Änderung:

```
1   let
2       Quelle = Folder.Files("C:\Users\                                    \Arbeitsdateien\Szenario 3\Stundenzettel"),
3       #"Andere entfernte Spalten" = Table.SelectColumns(Quelle,{"Name"}),
4       #"Aufgerufene benutzerdefinierte Funktion" = Table.AddColumn(#"Andere entfernte Spalten", "Zweiter Tag Stundenzettel function", each #"Zweiter Tag Stundenzettel function"(
5       #"Entfernte Spalten" = Table.RemoveColumns(#"Aufgerufene benutzerdefinierte Funktion",{"Name"}),
6       #"Erweiterte Zweiter Tag Stundenzettel function" = Table.ExpandTableColumn(#"Entfernte Spalten", "Zweiter Tag Stundenzettel function", {"Mitarbeiter", "Datum", "Arbeitsbeg
7   in
8       #"Erweiterte Zweiter Tag Stundenzettel function"
```

Somit wären die Anpassungsarbeiten abgeschlossen, um die Daten des zweiten Tages zu erhalten. Führen Sie diese Änderungen bitte auch für die Abfragesets zum dritten, vierten und fünften Tag durch. Es ist natürlich darauf zu achten, dass die entsprechenden

126

Spaltenbezeichnungen und function -Namen auf den jeweiligen Tag angepasst werden müssen. Die fertigen Codes können Sie bei Bedarf auch in der Beispieldatei ansehen.

4.2.5 Mehrere Abfragen anfügen

Jetzt werden wir die Massenabfragen der jeweiligen Tage zu einer Tabelle vereinen.
Hierzu gehen Sie im Menüband „Home" auf den kleinen Pfeil neben „Abfragen anfügen" und wählen „Abfragen als neu anfügen". Im jetzt erscheinenden Kontextmenü wählen Sie „Drei oder mehr Tabellen" und anschließend wählen Sie die 5 Massenabfragen aus und bestätigen mit „OK". Als Ergebnis erhalten wir eine neue Abfrage namens „Append", welche wir umbenennen in „Datensätze Stundenzettel". Die neue Abfrage enthält sämtliche Daten aus den Stundenzettel Dateien. Sobald in dem Ordner eine neue Stundenzetteldatei hinzugefügt wird und der Power BI Bericht aktualisiert wird, enthält diese Abfrage auch die Datensätze des neuen Stundenzettels.

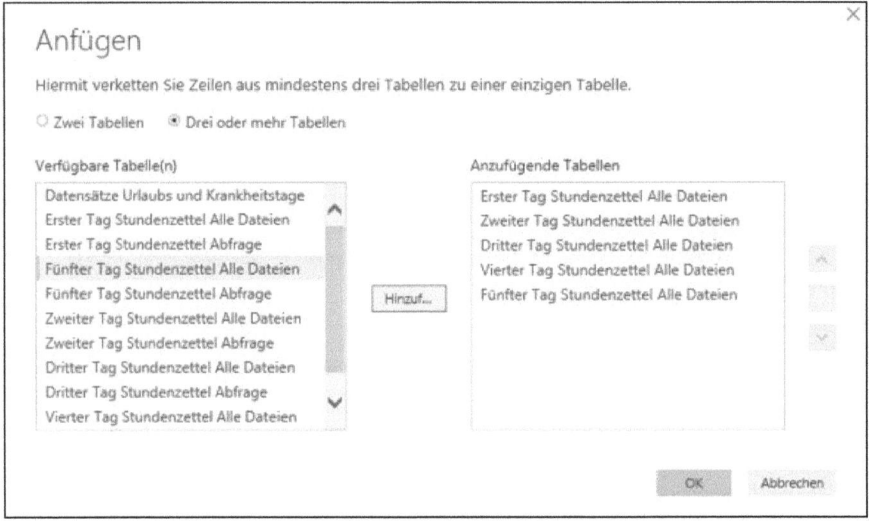

4.2.6 Weitere Datenanreicherungen mit benutzerdefinierten Spalten

Ebenso wie im vorherigen Beispiel werden wir hier noch die Abfragen „Datensätze Urlaubs und Krankheitstage" und „Datensätze Stundenzettel" vereinen. Da es hierfür notwendig ist, dass beide Tabellen dieselben Spalten enthalten fügen wir der Abfrage „Datensätze Stundenzettel" die Spalte „Art" hinzu. Die Spalte soll in jeder Zeile ein „A" für Arbeit erhalten. Zudem sollen Zeilen, in denen nicht gearbeitet wurde, nicht abgefragt werden. Für diese Tage müsste ja ohnehin ein Datensatz in der Urlaubs & Krankheitstabelle enthalten sein. Um die Spalte „Art" hinzuzufügen gehen wir auf das Menüband „Spalte hinzufügen" und fügen die Spalte auf bekanntem Wege als benutzerdefinierte Spalte hinzu.

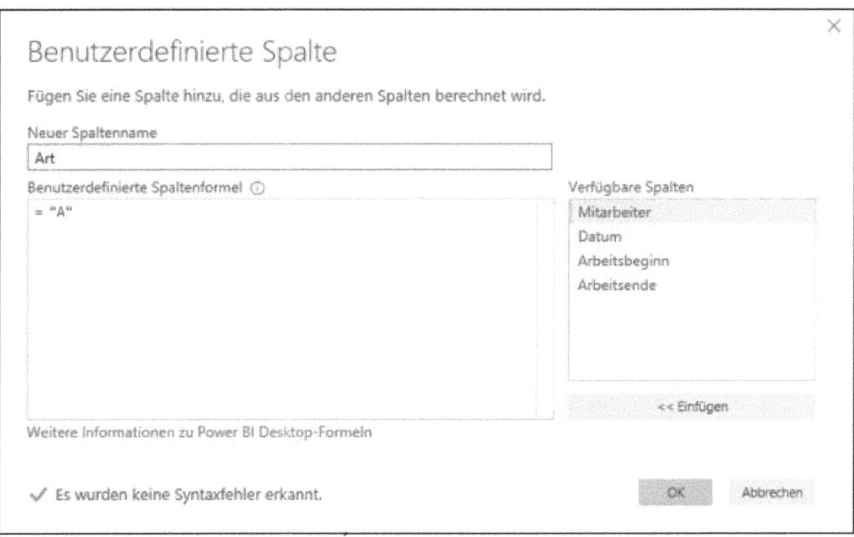

Um die Tage herauszufiltern, an denen nicht gearbeitet wurde, erzeugen wir eine weitere Benutzerdefinierte Spalte, welche die Arbeitszeit berechnet. In der Spalte ziehen wir den Arbeitsbeginn vom Arbeitsende ab und multiplizieren das Ergebnis mit 24 um am Ende eine Dezimalzahl in Stunden zu erhalten. Nachdem die Spalte erstellt wurde, muss der Datentyp der neuen Spalte auf Dezimalzahl geändert werden.

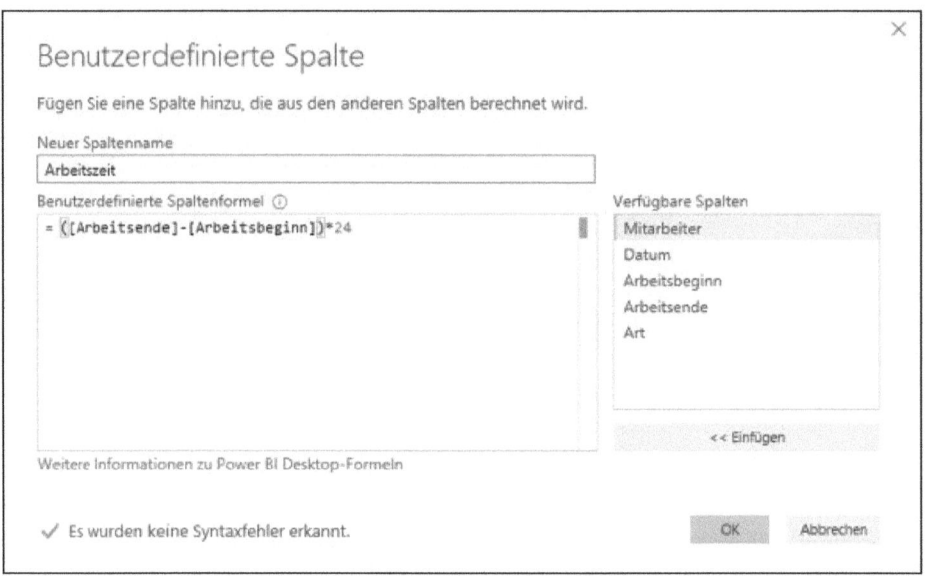

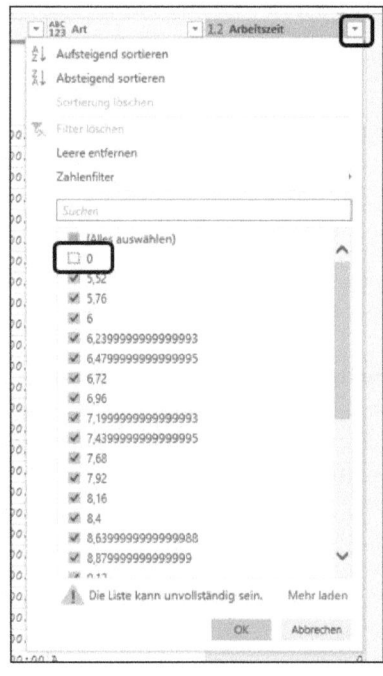

Nun filtern wir einfach noch über das Dropdownmenü der neuen Spalte „Arbeitszeit" alle 0 Werte heraus.

Da uns für das spätere Dashboard die Zeiten des Arbeitsbeginns und des Arbeitsendes nicht interiesseren, nur noch die Arbeitszeit, entfernen wir die Spalten „Arbeitsbeginn" und „Arbeitsende". Die Spalte „Mitarbeiter" formatieren wir als Text, die Spalte „Datum" als Datum und die Spalte „Art" ebenfalls als Text.

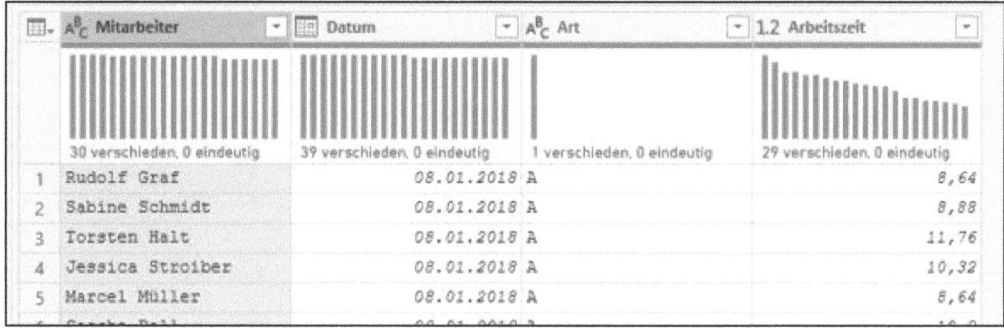

Um beide Abfragen zu vereinheitlichen, fügen wir der Abfrage „Datensätze Urlaubs- und Krankheitstage" noch die Spalte „Arbeitszeit" als benutzerdefinierte Spalte hinzu. Die Spalte soll in jeder Zeile den Wert 8 enthalten (wir gehen der Einfachheit davon aus, dass alle Mitarbeiter eine tägliche Soll Arbeitszeit von 8 Stunden haben). Die Spalte formatieren wir ebenso als Dezimalzahl.

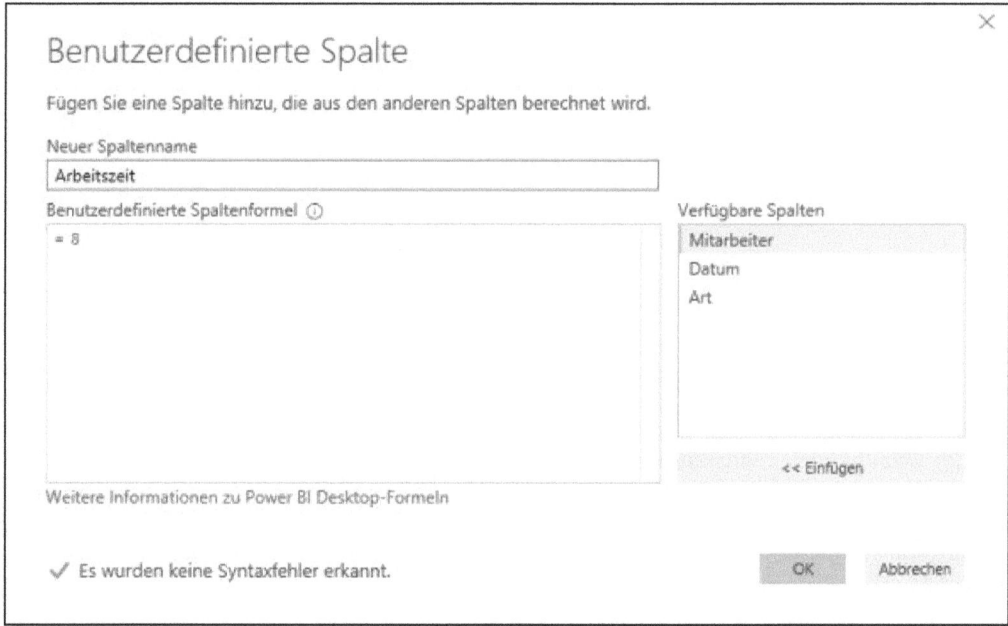

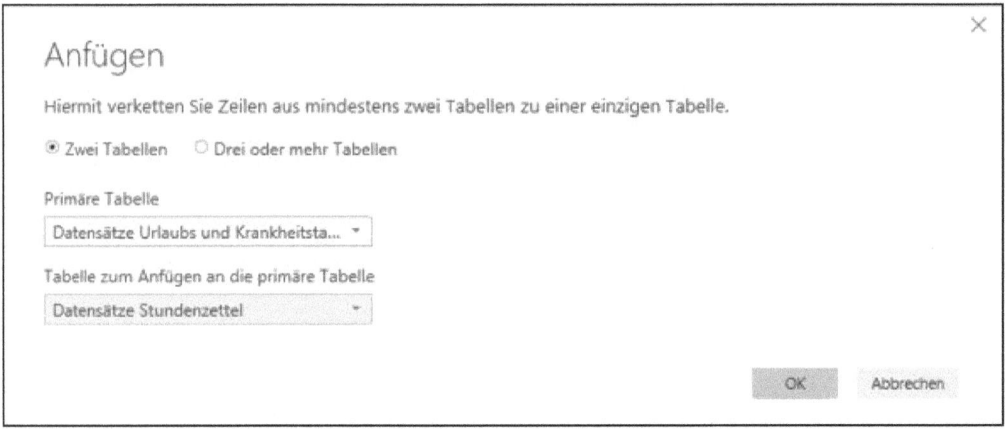

	A^B_C Mitarbeiter ▾	Datum ▾	A^B_C Art ▾	1.2 Arbeitszeit ▾
	21 verschieden, 0 eindeutig	214 verschieden, 63 eindeutig	4 verschieden, 0 eindeutig	1 verschieden, 0 eindeutig
1	Rudolf Graf	01.01.2018	F	8
2	Rudolf Graf	02.01.2018	u	8
3	Rudolf Graf	03.01.2018	u	8
4	Rudolf Graf	04.01.2018	u	8
5	Rudolf Graf	05.01.2018	u	8
6	Rudolf Graf	18.01.2018	k	8
7	Rudolf Graf	19.01.2018	k	8

Da die Tabellenstruktur beider Abfragen nun identisch ist, fügen wir sie als neue Abfrage mit der Bezeichnung „Datensätze" zu einer Tabelle zusammen. Gehen Sie hierzu wieder über das Menüband „Home", „Abfragen anfügen", „Abfragen als neu anfügen".

Anfügen

×

Hiermit verketten Sie Zeilen aus mindestens zwei Tabellen zu einer einzigen Tabelle.

◉ Zwei Tabellen   ○ Drei oder mehr Tabellen

Primäre Tabelle

Datensätze Urlaubs und Krankheitsta... ▾

Tabelle zum Anfügen an die primäre Tabelle

Datensätze Stundenzettel ▾

OK   Abbrechen

Als Endergebnis erhalten wir eine Tabelle, die sämtliche Inhalte aller Stundenzettel Dateien und der Urlaubs/Krankheitsdatei in sich vereint hat. Und das beste ist, wäre es erst Anfang oder Mitte des Jahres und es würden jede Woche neue Stundenzettel Dateien hinzukommen, würden wir nach der Aktualisierung dessen Inhalt ebenso in dieser Tabelle wiederfinden. Da wir nur die Daten aus der Abfrage „Datensätze" in Power BI übernehmen möchten, entfernen wir bei sämtlichen weiteren Tabellen den Haken bei „Laden", so dass diese nicht in Power BI erscheinen. Hierzu Rechtsklicken auf die einzelnen Abfragen (bei den Funktionen ist dies nicht erforderlich) und im erscheinenden Kontextmenü einfach den Haken bei „Laden" rausnehmen. Anschließend können Sie „Schließen und Übernehmen" betätigen.

4.3 Datenmodellierung und Reporting

In diesem Beispiel war das Design des ETL-Prozesses recht aufwendig. Allerdings verfügen wir dafür jetzt in Power BI über nur eine einzige Tabelle, in der alle benötigten Daten beinahe schon verwendungsbereit vorliegen, was die Arbeiten der Datenmodellierung sehr vereinfacht. Je nach Anforderungen kann sich der Großteil der Arbeit an einem Dashboard wie in diesem Fall auch mal mehr Richtung Power Query verlagern. Häufig können Anforderungen sowohl im ETL Prozess als auch bei der Datenmodellierung umgesetzt werden. Hier kann man natürlich den Weg gehen, den man besser beherrscht.

4.3.1 Visualisierungen erstellen und anpassen

Um eine gute Übersicht zu erhalten erstellen wir zuerst ein gestapeltes Säulendiagramm und mit fast gleichem Setup erstellen wir noch ein Gestapeltes Säulendiagramm (100%) mit dem Unterschied, dass wir die Monatsinfo der Datumshierarchie nutzen, um ein verdichtetes Bild des ersten Diegramms auf Monatsbasis zu erhalten.

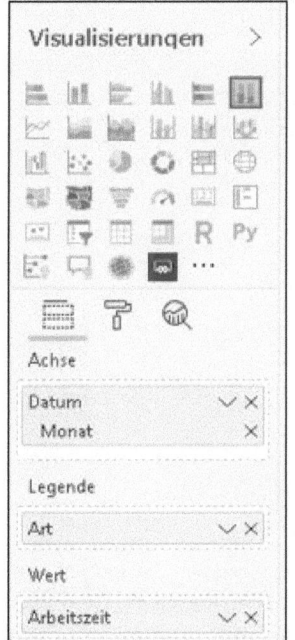

Als nächstes erstellen wir einen Datenschnitt auf die Spalte „Mitarbeiter", welcher über die Auswahlsteuerelemente so angelegt ist, dass immer nur ein Mitarbeiter auf einmal angewählt sein kann.

Zudem erstellen wir noch ein Textfeld mit Überschrift. Somit verfügen wir bereits über ein Dashboard mit guter Übersicht zu jedem einzelnen Mitarbeiter auf das Jahr gesehen. Man sieht schnell, wann er gearbeitet hat, krank war oder Urlaub genommen hat, da dies durch die farblich unterschiedlich gekennzeichneten Balken sofort ersichtlich ist.

Dies ist eine Übersicht, in der die Daten eines einzelnen Mitarbeiters betrachtet werden. Diese Übersicht reichern wir noch an um die Anzahl der Arbeits-, Krankheits- und Urlaubstage in Zahlen, um die Gesamtanzahl der geleisteten Arbeitsstunden und die durchschnittliche tägliche Arbeitszeit sowie um ein Ranking in Bezug auf Arbeitsstunden und Krankheitstage im Vergleich zu den anderen Mitarbeitern.

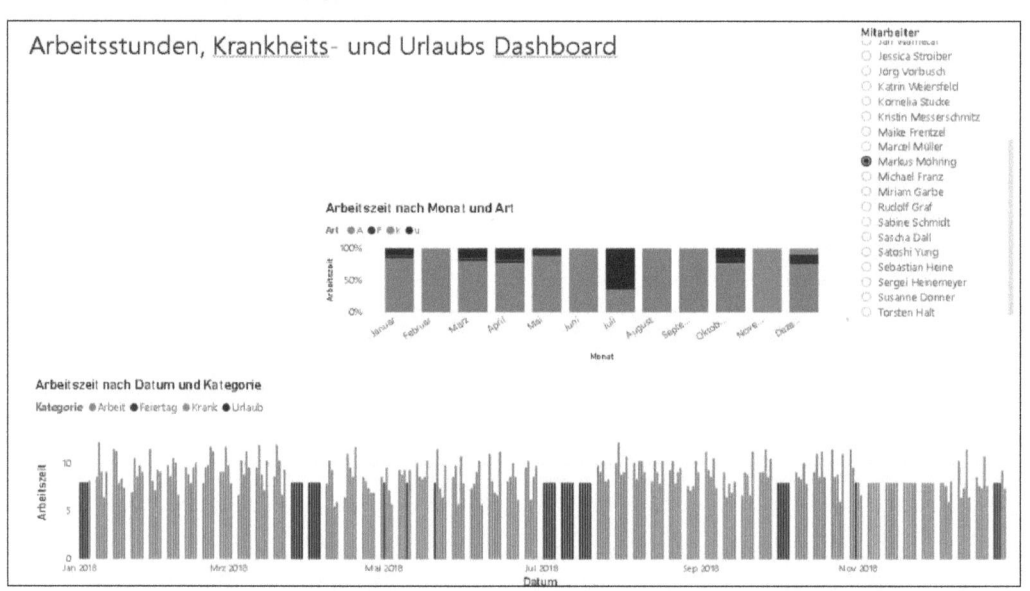

4.3.2 Anzahl der Arbeits, Krankheits und Urlaubstage

Diese Werte anzuzeigen ist einfach, wir erstellen eine Tabellenvisualisierung mit dem Setup wie im nächsten Screenshot zu sehen.

Wir nehmen dabei zweimal die Spalte Art in die Visualisierung auf. Einmal lassen wir uns jedoch die Anzahl anzeigen, wie oft die jeweiligen Werte vorkommen. Dies geschieht, indem man auf den kleinen Pfeil rechts neben „Art" klickt und einfach „Anzahl" auswählt".

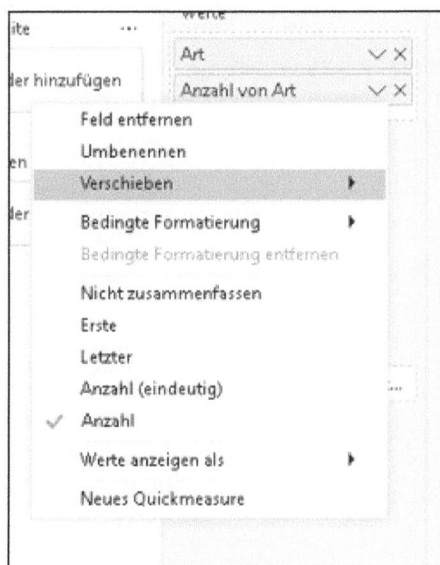

Das Ergebnis sieht wie folgt aus:

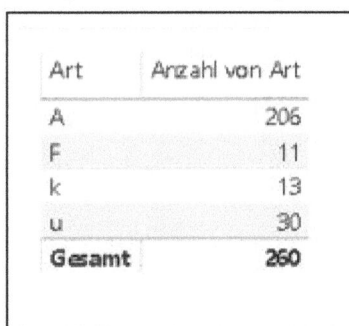

Da die einzelnen Buchstaben unter „Art" für den Reportkonsumenten noch zu kryptisch sein könnten, werden wird diese noch durch Angabe der ausgeschriebenen Kategorie ergänzen. Wir erfassen hierzu die Kategorien manuell und verbinden die neue Tabelle mit der Tabelle „Datensätze" und lassen uns dann die ausgeschriebene Kategorie anzeigen. Wir betätigen also im Menüband „Home" den Button „Daten eingeben" und erfassen die einzelnen Kategorien als Kürzel in einer Spalte und als ausgeschriebenen Text in einer zweiten Spalte. Die neue Tabelle benennen wir als „Art – Kategorien" und bestätigen mit „Laden".

134

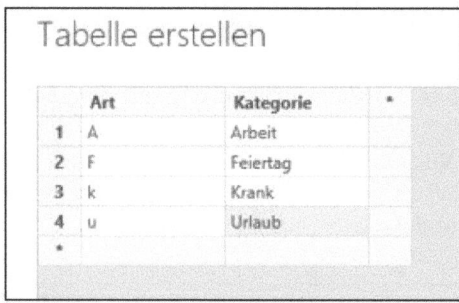

Wie Sie im Modellbereich von Power BI sehen können (Screenshot Mitte auf dieser Seite), hat die Engine bereits die korrekte Beziehung hergestellt.

Es muss also nur noch das Setup der Tabellenvisualisierung angepasst werden (Screenshot unten auf dieser Seite), um den gewünschten Effekt zu erzielen. Die Kategorie „Feiertag" sagt in diesem Zusammenhang zwar nichts aus, jedoch finde ich es sinnvoll, diese trotz dessen mit anzeigen zu lassen, da man so in Summe auf die jährlichen Wochentage von 260 in diesem Fall kommt und dies zugleich als Kontrollmechanismus dienen kann, da dieser Wert bei jedem Mitarbeiter identisch sein muss. Ansonsten würde etwas in der Datenbasis nicht stimmig sein.

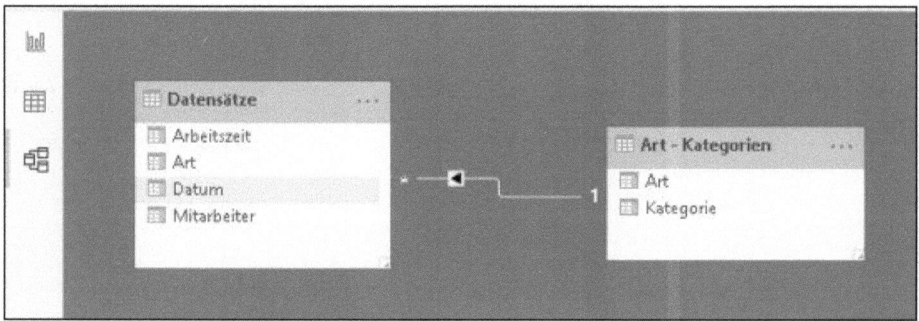

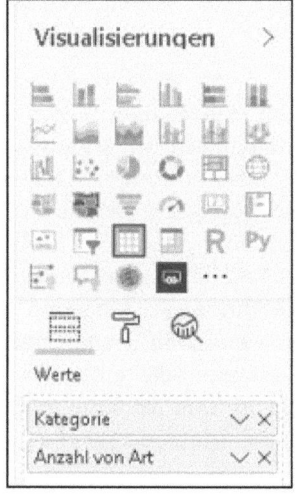

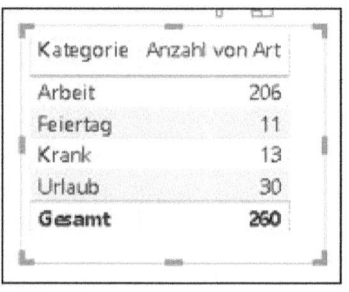

4.3.3 Gesamtanzahl der geleisteten Arbeitsstunden

Die Gesamtzahl der geleisteten Arbeitsstunden werden wir in einer Summe anzeigen sowie in einer Übersicht nach Monaten. Zuerst schreiben wir ein Measure für die Arbeitsstunden:

```
Geleistete Arbeitsstunden =
CALCULATE ( SUM ( 'Datensätze'[Arbeitszeit] ); 'Datensätze'[Art] = "A" )
```

Das Measure „Geleistete Arbeitsstunden" visualisieren wir in einer Matrix mit folgendem Setup:

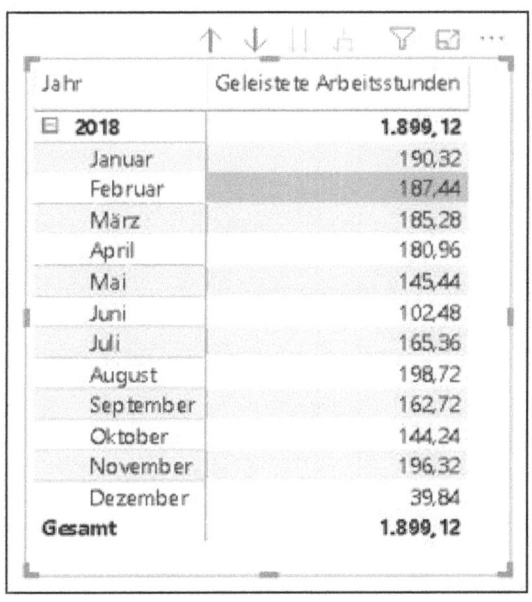

Dadurch das wir in diesem Fall die Datumshierarchie gut nutzen können (die Hierarchiestufen Quartal und Tag wurden mittels des X neben der Bezeichnung Entfernt) können wir ohne weitere Arbeiten die Arbeitsstunden nach Monaten ausweisen. Die Gesamten Arbeitsstunden des Jahres sehen wir in der Summe der Matrix Visualisierung.

4.3.4 Durchschnittliche tägliche Arbeitszeit

Für die durchschnittliche tägliche Arbeitszeit, an den Tagen, wo auch wirklich gearbeitet wurde, dividieren wir das Measure „Geleistete Arbeitsstunden" durch die Anzahl der Tage mit der Art „A".

```
Durchschn. tägliche Arbeitszeit in Stunden =
[Geleistete Arbeitsstunden]
    / CALCULATE ( COUNT ( 'Datensätze'[Art] ); 'Datensätze'[Art] = "A" )
```

Das neue Measure zeigen wir als weitere Spalte in der Matrix Visualisierung.

Jahr	Geleistete Arbeitsstunden	Durchschn. tägliche Arbeitszeit in Stunden
⊟ **2018**	**1.815,12**	**8,94**
Januar	188,40	8,56
Februar	179,04	8,95
März	175,44	8,35
April	177,36	9,33
Mai	150,24	9,39
Juni	103,44	9,40
Juli	113,04	8,70
August	166,56	8,77
September	172,32	8,62
Oktober	92,64	9,26
November	156,48	9,20
Dezember	140,16	9,34
Gesamt	**1.815,12**	**8,94**

4.3.5 Rankx() Funktion

Im Dashboard soll ein Ranking, also eine Einstufung angezeigt werden, wo der Mitarbeiter im Vergleich zu seinen Kollegen steht was die Anzahl der geleisteten Arbeitsstunden sowie die Anzahl der Krankheitstage angeht. Rang 1 soll die beste Einstufung sein (die meisten geleisteten Arbeitsstunden und die wenigsten Krankheitstage) und Rang 30 die schlechteste Einstufung. Um eine derartige Einstufung zu ermöglichen bedienen wir uns der rankx() Funktion.

Die rankx() Funktion erwartet als Grundlage eine Tabelle und vergibt für jeden Wert dieser Tabelle eine Rangposition (je nach Wunsch auf- oder absteigend) abhängig von dem Ausdruck, welcher ebenfalls in der Funktion angegeben werden muss. Als erstes würde man vermutlich folgendes Measure schreiben:

```
Ranking Arbeitsstunden = RANKX('Datensätze';[Geleistete Arbeitsstunden])
```

Als Grundlage dient die Tabelle mit den Datensätzen und auf Basis der geleisteten Arbeitsstunden soll ein Rang vergeben werden. Das Ergebnis liefert jedoch nicht den gewünschten Effekt:

Mitarbeiter	Geleistete Arbeitsstunden	Ranking Arbeitsstunden
Sebastian Heine	1.957,92	1
Chris Valetta	1.935,36	1
Torsten Halt	1.919,52	1
Kristin Messerschmitz	1.918,32	1
Maike Frentzel	1.918,32	1
Sascha Dall	1.917,60	1
Dennis Flicke	1.916,40	1
Jessica Stroiber	1.913,52	1

Mit dem oben angegebenen Measure erhält jeder Mitarbeiter den Rang 1, was natürlich nicht in unserem Sinne war. Das Problem ist in diesem Fall, wir gehen intuitiv davon aus, dass der Rang abhängig von den geleisteten Arbeitsstunden bezogen auf die Mitarbeiter vergeben wird. Jedoch haben wir nicht definiert, dass der Mitarbeiter den Rang erhalten soll. Da die Tabelle jedoch neben den Mitarbeitern mehrere Spalten enthält, kann die Dax Engine auch nicht das gewünschte Ergebnis liefern. Wir benötigen als Tabelle also nicht die Tabelle „Datensätze", sondern eine Tabelle, die nur die Mitarbeiter enthält. Wir korrigieren das Measure also wie folgt:

```
Ranking Arbeitsstunden = RANKX(ALL('Datensätze'[Mitarbeiter]);[Geleistete
Arbeitsstunden];;DESC)
```

Das Ergebnis ist nun wie es angedacht war. Der Mitarbeiter mit den meisten geleisteten Arbeitsstunden erhält Rang 1:

Mitarbeiter	Geleistete Arbeitsstunden	Ranking Arbeitsstunden
Sebastian Heine	1.957,92	1
Chris Valetta	1.935,36	2
Torsten Halt	1.919,52	3
Kristin Messerschmitz	1.918,32	4
Maike Frentzel	1.918,32	5
Sascha Dall	1.917,60	6
Dennis Flicke	1.916,40	7
Jessica Stroiber	1.913,52	8
Hannelore Rorig	1.913,28	9

Das Measure enthält im Übrigen zwei aufeinander folgende Semikolon, da das Argument „Value" ein optionales Argument dieser Funktion ist und in diesem Fall nicht benötigt wird. Das Argument Order (hier mit dem Wert „Desc" ist ebenso ein optionales Argument und legt fest, ob der höchste Wert des Ausdrucks den Rang 1 erhalten soll, oder der niedrigste Wert. Das vom Prinzip her identische Measure verwenden wir ebenfalls für ein Ranking der Krankheitstage:

```
Ranking Krankheitstage =
RANKX (
    ALL ( 'Datensätze'[Mitarbeiter] );
    CALCULATE ( COUNT ( 'Datensätze'[Art] ); 'Datensätze'[Art] = "k" );
    ;
    ASC
)
```

Der Unterschied zum ersten Measure ist, dass wir als Ausdruck kein vorgefertigtes Measure wie oben mit [geleistete Arbeitsstunden] verwenden können, sondern die Zählung der Krankheitstage in diesem Measure mit untergebracht ist. Zudem soll der Mitarbeiter mit dem niedrigsten Wert Rang 1 erhalten, weshalb „Desc" durch „Asc" ersetzt wurde. Wie erwartet liefert das Measure das korrekte Ergebnis:

Mitarbeiter	Tage krank	Ranking Krankheitstage
Sebastian Heine	1	1
Kristin Messerschmitz	2	2
Torsten Halt	2	2
Chris Valetta	3	4
Denise Robertz	3	4
Jessica Stroiber	3	4
Susanne Donner	3	4
Dennis Ricke	4	8
Franziska Pohl	4	8

Zu Bedenken ist, dass mehrere Mitarbeiter die gleiche Anzahl von Krankheitstagen haben können. In diesem Fall teilen sich die entsprechenden Mitarbeiter den höchst möglichen Rang.

Die Measures „Ranking Arbeitsstunden" und „Ranking Krankheitstage" visualisieren wir jeweils in einer Karte:

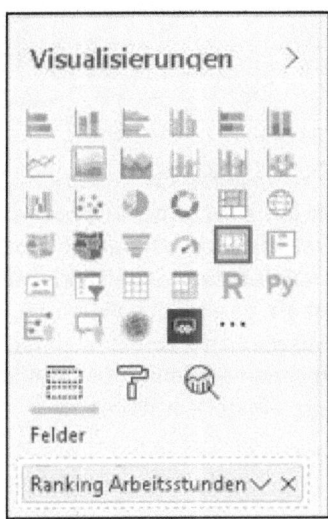 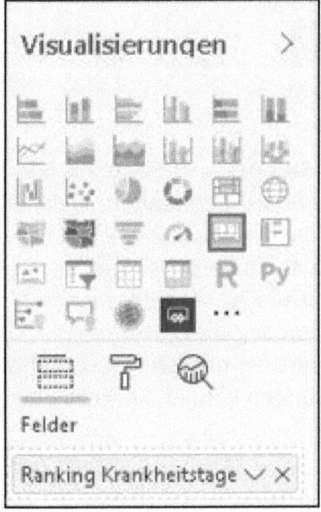

4.3.6 Formatierung und hinzufügen einer weiteren Berichtsseite

Das Dashboard sieht nun bei Ihnen etwa so aus:

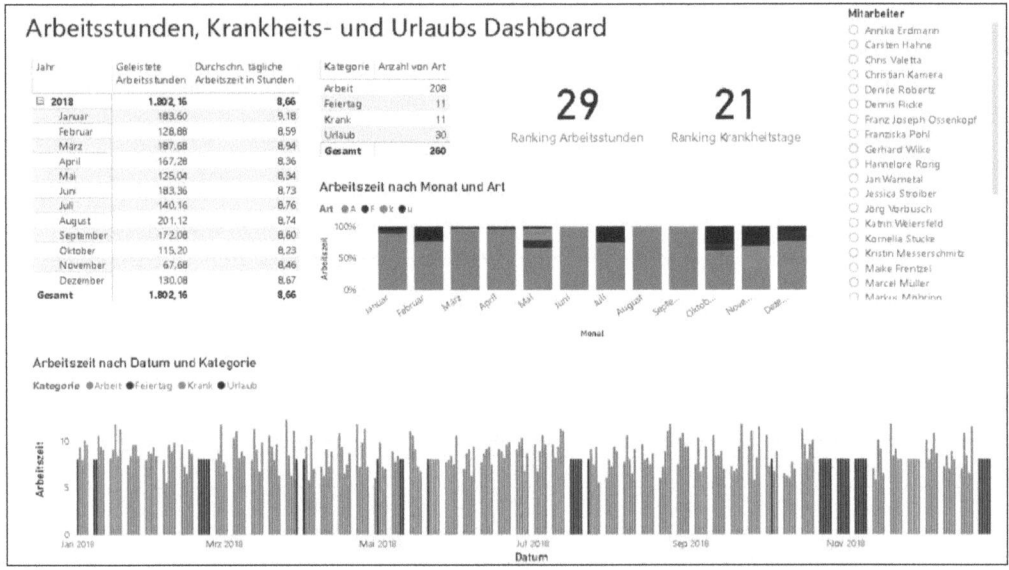

Aus den über 50 Stundenzettel Dateien und der Jahresdatei für Urlaub und Krankheit ist ein funktionales Dashboard entstanden, welches für jeden Mitarbeiter separat eine gute Übersicht über seine Daten bezüglich Arbeitszeit, Krankheit und Urlaub hergibt. Ebenso ist das Dashboard interaktiv in dem Sinne, dass die Visualisierungen aufeinander reagieren. Klicken Sie in der Matrix Visualisierung links einen Monat an, passen sich die Daten, die in den anderen Visualisierungen angezeigt werden, auf die Auswahl an. Professionell formatiert kann das Dashboard wie auf dem nächsten Screenshot zu sehen aussehen. Die Konfiguration der einzelnen Visualisierungen können Sie gerne der Beispieldatei entnehmen.

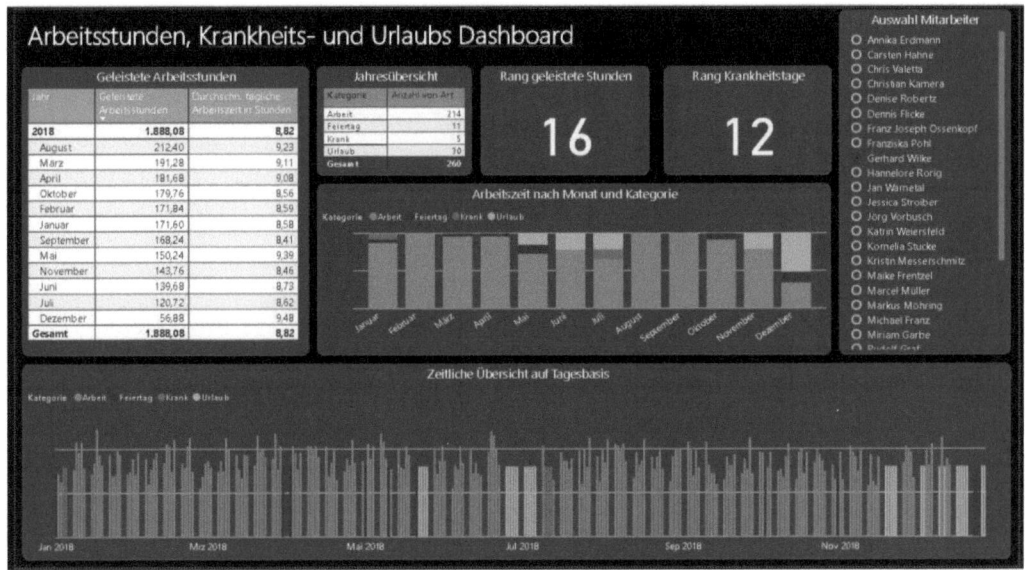

Jetzt werden wir noch ein weiteres Dashboard als jährliche Übersicht über sämtliche Mitarbeiter ähnlich des Jahresplans der Urlaubs und Krankheitstage erstellen. Hierzu duplizieren wir das bereits bestehende Dashboard um die Formatierungen direkt zu übernehmen. Unten links sehen Sie ähnlich wie ein Tabellenreiter in Excel eine Lasche mit der Bezeichnung „Seite 1". Klicken Sie mit der rechten Maustaste auf die Lasche und wählen Sie „Seite duplizieren" aus und wir erhalten eine zweite Seite mit identischer Formatierung. Die neue Seite können Sie „Seite 2" nennen. Die Umbenennung erfolgt mit einem Doppelklick auf die Lasche.

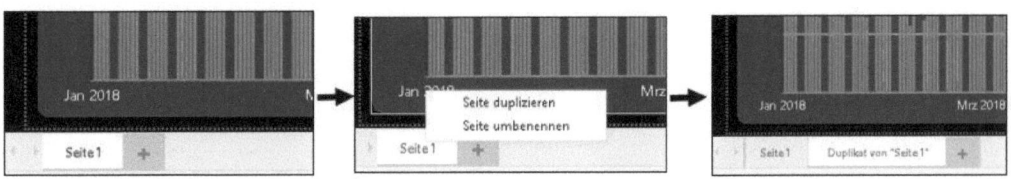

Wir schaffen erstmal Platz auf der neuen Seite. Wir löschen einfach alle Visualisierungen bis auf eine Matrix Visualisierung, um die Formatierung nicht zu verlieren. Der Matrix Visualisierung geben wir das Setup wie im nächsten Screenshot zu sehen. Zusätzlich erstellen wir einen Datenschnitt in welchem wir über die Datumshierarchie die Monate auswählbar machen. Im Datenschnitt erlauben wir nur Einfachauswahl in Kombination mit einem Dropdownfeld (oben rechts in der Visualisierung auswählbar).

142

MatrixVisualisierung: Datenschnitt:

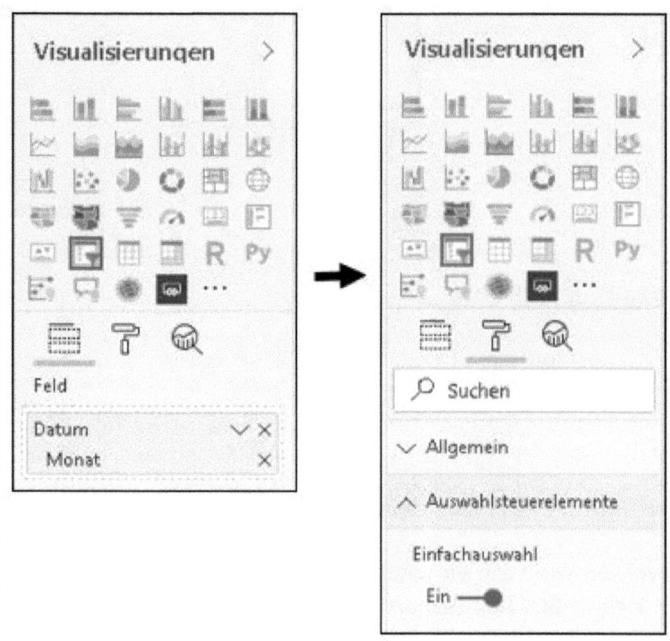

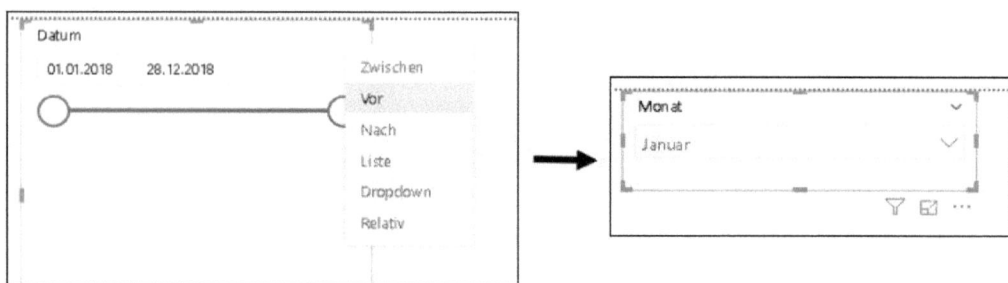

Das Ergebnis können Sie auf dem folgenden Screenshot sehen:

Es ähnelt bereits sehr der Jahresübersicht, wie wir sie aus Excel kennen. Natürlich wäre es für das menschliche Auge angenehmer, wenn anstatt „A", „U" usw. in der Tabelle einfach eine Farbe angezeigt wird, die sofort das Gesamtbild des Monats ersichtlich macht. Hierzu können wir die bereits erworbenen Kenntnisse hinsichtlich der bedingten Formatierung nutzen. Wir schreiben deshalb ein Measure, welches als Ergebnis den gewünschten Farbcode als Hexadezimalzahl ausgibt, je nachdem, welcher Buchstabe in der Zelle steht. Die Farbcodes habe ich wie bereits weiter oben beschrieben über ein im Internet zugängliches Tool ermittelt. Das benötigte Measure für die bedingte Formatierung sehen Sie hier:

```
Farben bed Formatierung =
SWITCH (
    TRUE ();
    VALUES ( 'Datensätze'[Art] ) = "A"; "#118DFF";
    VALUES ( 'Datensätze'[Art] ) = "k"; "#CD3E9E";
    VALUES ( 'Datensätze'[Art] ) = "u"; "#FF975D";
    VALUES ( 'Datensätze'[Art] ) = "F"; "#750885"
)
```

In den Formatierungsoptionen der Matrixvisualisierung gibt es einen separaten Bereich für die bedingte Formatierung. Diesen klappen wir auf und schieben den Schieberegler sowohl bei „Hintergrundfarbe" als auch bei „Schriftfarbe" auf „ein".
Im jetzt auftauchenden Fenster wählen wir „Formatieren nach [Feldwert]" und bei „Basierend auf Feld" wählen wir das Measure „Farben bed. Formatierung".

144

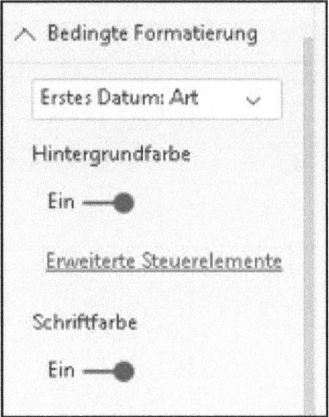

Das Ergebnis ist eine sehr schön formatierte Tabelle, aus welcher aufgrund der Farbgebung sofort ersichtlich wird, welcher Mitarbeiter wann gearbeitet hat, krank war oder im Urlaub war.

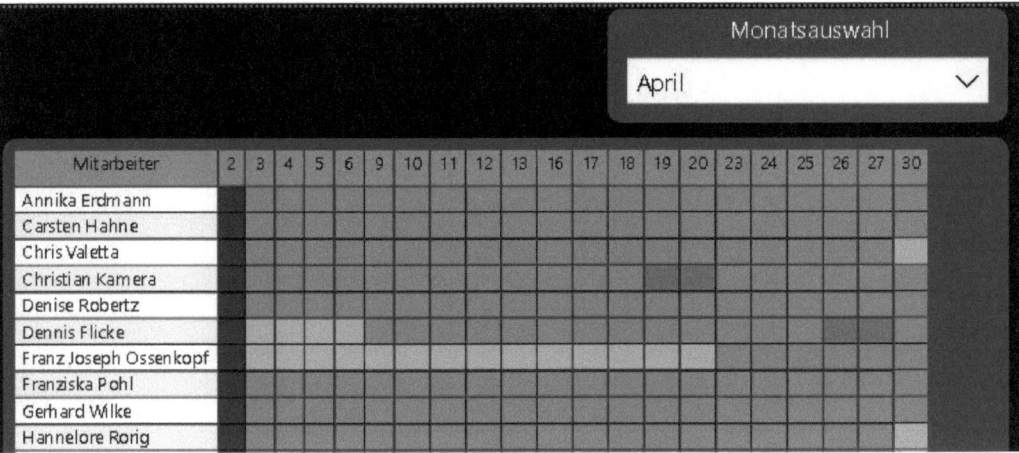

Mitarbeiter	2	3	4	5	6	9	10	11	12	13	16	17	18	19	20	23	24	25	26	27	30
Annika Erdmann																					
Carsten Hahne																					
Chris Valetta																					
Christian Kamera																					
Denise Robertz																					
Dennis Flicke																					
Franz Joseph Ossenkopf																					
Franziska Pohl																					
Gerhard Wilke																					
Hannelore Rorig																					

Als zweite Visualisierung auf diesem Dashboard erstellen wir eine weitere Matrix, in der wir die jährlichen Werte der geleisteten Arbeitsstunden, durchschnittlichen Arbeitszeit und des Rankings sehen können. Diese Visualisierung enthält keinerlei neuen Informationen und ist deshalb einfach zu erstellen. Dies ist jedoch der einzige Ort, wo alle Informationen gesammelt betrachtet werden können. Im ersten Dashboard sind diese Informationen ebenso vorhanden, jedoch nur für jeden Mitarbeiter einzeln abrufbar.

Wir erstellen also die Matrix Visualisierung mit dem Setup wie links auf den Screenshot zu sehen.

Da wir die Datumshierarchie unterhalb der Mitarbeiter in den Zeilen verwenden, kann man sämtliche Werte durch Drilldown oder aufklappen der Daten auch auf Monatsbasis einsehen.

Mitarbeiter	Geleistete Arbeitsstunden	Durchschn. tägliche Arbeitszeit in Stunden	Ranking Arbeitsstunden	Ranking Krankheitstage
Annika Erdmann	1.820,16	8,84	24	25
Carsten Hahne	1.875,84	8,77	18	12
Chris Valetta	1.935,36	8,96	2	4
Christian Kamera	1.889,28	8,87	15	14
Denise Robertz	1.899,12	8,79	13	4
Dennis Flicke	1.916,40	8,91	7	8
Franz Joseph Ossenkopf	1.828,32	8,79	23	21
Franziska Pohl	1.905,12	8,86	12	8
Gerhard Wilke	1.888,08	8,82	16	12

Somit haben wir zu der sehr guten Übersicht je Mitarbeiter noch eine Übersicht über alle Mitarbeiter. Im Gegensatz zu der Excelliste mit dem Urlaubsplan ist der Plan in Power BI so gestaltet, dass mit dem Dropdownfeld des Datenschnittes zwischen den Monaten gewechselt werden muss. Dies ist im Grunde genommen nicht so schön, wie einen ganzen Plan für das Jahr zu haben, in welchem man einfach nach rechts scrollen kann bis zum Jahresende. Erfahrungsgemäß erfährt ein Bericht in Power BI jedoch höhere Akzeptanz, wenn alle Daten auf einem Screen zu sehen sind und dem User Interaktivität in Form von Auswahlfeldern oder Dropdownlisten ermöglicht wird. Mit einem Schieberegler in diesem Bericht über den Screen hinaus zu navigieren würde sehr altbacken wirken und schränkt das Erlebnis ein, dass alle gewünschten Daten auf einem Screen zu sehen sind.

5 Schlusswort

Hiermit sind wir bereits am Ende dieses Buches angelangt. Ich hoffe, dass ich Ihnen viele neue und interessante Inhalte vermitteln konnte und Sie mit dem Inhalt zufrieden sind. Power Bi ist noch recht neu und wird rasant weiterentwickelt und erhält monatlich neue Funktionen. Daher empfiehlt es sich, stets auf dem Laufenden zu bleiben und sich über neue Inhalte, die monatlich per Updates nachgereicht werden, zu informieren. Ich denke, dass Sie mit dem Know How, welches ich Ihnen vermittelt habe, selbstständig eigene Dashboards erstellen können und auch in der Lage sind, schwierigere Anforderungen auf unterschiedliche Art und Weise (im ETL Prozess oder in der Datenmodellierung) zu lösen. Zudem sind Sie jetzt in der Grundfunktionalität von Power Query und Power BI sehr versiert und dadurch in der Lage, selbst neue Vorgehensweisen, Funktionen etc. auszutesten und zu meistern. Erfahrungsgemäß lassen sich die meisten Anforderungen durch einen sauberen ETL-Prozess und anschließender Datenaggregierungen (sum, count, etc.) in Kombination mit calculate() wunderbar lösen. Ich wünsche Ihnen viel Spaß in Ihrem weiteren Lernprozess und dem Erforschen weiterer Möglichkeiten und Wege, ein Dashboard zu gestalten.

Anleitung zum Download der Beispieldateien:

Tippen Sie folgenden Link in die Adresszeile Ihres Internetbrowsers und gehen auf die Seite:

https://www.dropbox.com/s/n3d9046vh98os1t/Datenquellen.zip?dl=0

Im folgenden Bildschirm könnte der Hinweis „Dropbox unterstützt .zip-Dateien, aber hier ist etwas schiefgelaufen" erscheinen. Diesen Hinweis können Sie ignorieren. Klicken Sie einfach auf „Herunterladen" und anschließend „Direkt herunterladen" in der Mitte des Bildschirms und speichern Sie die Datei an beliebigem Ort auf Ihrem PC. Es erscheint unter Umständen ein Fenster, wo Sie aufgefordert werden, Dropbox herunterzuladen oder sich anzumelden (dies Fenster erscheint manchmal auch schon im Schritt zuvor) und Ihren Namen anzugeben. Dies können Sie ignorieren und das Fenster mit dem x rechts oben schließen. Sie müssen dann jedoch nochmal auf „Herunterladen" und anschließend „Direkt herunterladen" klicken. Sobald sich die Datei auf Ihrem Rechner befindet, müssen Sie diese nur noch entpacken und am gewünschten Speicherort ablegen.

Sollten Sie Probleme mit dem Download haben, senden Sie mir bitte eine kurze Mail und ich sende Ihnen die Dateien direkt zu.

Info-pbi-buch@gmx.de